KB174247

나는 분단국의
페미니스트입니다

나는 분단국의 페미니스트입니다

ⓒ 수지·추재훈·영민, 2019

초판 1쇄　　2019년 3월 29일

지은이　　수지·추재훈·영민
기획　　바꿈청년네트워크

출판책임	박성규	**펴낸이**	이정원
편집진행	이수연	**펴낸곳**	도서출판 들녘
디자인진행	김정호	**등록일자**	1987년 12월 12일
편집	박세중·이동하	**등록번호**	10-156
디자인	조미경·김원중	**주소**	경기도 파주시 회동길 198
마케팅	이광호	**전화**	031-955-7374 (대표)
경영지원	김은주·장경선		031-955-7381 (편집)
제작관리	구법모	**팩스**	031-955-7393
물류관리	엄철용	**이메일**	dulnyouk@dulnyouk.co.kr
		홈페이지	www.dulnyouk.co.kr

ISBN	979-11-5925-395-9(04300)	**CIP**	2019009966
	979-11-5925-394-2(세트)		

이 도서의 국립중앙도서관 출판예정도서목록(CIP)은 서지정보유통지원시스템 홈페이지
(http://seoji.nl.go.kr)와 국가자료공동목록시스템(http://www.nl.go.kr/kolisnet)에서 이용하실 수 있습니다.

값은 뒤표지에 있습니다. 잘못된 책은 구입하신 곳에서 바꿔드립니다.

나는 분단국의
페미니스트입니다

수지·추재훈·영민 지음

차례

여는글

수지, 추재훈, 영민은 2012년 한반도 북쪽에 대해서 공부하는, 대학 내에서도 비주류에 속하는 집단에서 처음 만났다. 우리는 그곳에서 함께 사유하고 분노하며 성장했다. 북한 사회를 본다는 건 마치 거울에 비친 남한 사회를 보는 것과 같았고, 분단을 마주하는 것은 우리 사회의 부조리함을 밑바닥까지 들추어보는 일이었다. 이는 우리가 더 이상 순진한 믿음을 기반으로 살아갈 수 없게 되었다는 것을 의미했다. 세상은 마냥 아름답지만은 않으며, 우리가 살아가는 사회의 이면은 꽤나 추악하다는 것을 알아버린 것이다. 이 사실을 깨달았을 때, 이전에 달콤하게 느껴졌던 세상으로 다시 돌아가는 길은 이미 봉쇄되고 없었다.

그런 점에서, 북한을 주제로 만났던 우리가 '젠더'라는 키워드로 다시 뭉치게 된 것은 결코 우연만은 아닐 것이다. 우리 안에는 질문이 넘쳤고, 동시에 좌절과 우울도 가득했다. 많이 생각하는 사람은 그만큼 많은 것을 감각하게 되기 때문이다. 저마다 자신의 삶이 아픈 이유에 대해 고민하며 길을 잃고 헤매다 우연히 다시 만나게 된 지점이 젠더였다. 상처를 치유할 수는 없다 해도 그것을 마주하고 더 잘 보듬을 수 있는 방법을 고민하다 발견한 것이 바로 페미니즘이었다. 그렇게 우리 셋은 젠더라는 교차로에서 다시 만나, 페미니즘의 렌즈로 한반도를 들여다보는 작업을 함께 시작하게 되었다.

물론, 세 명의 저자들이 젠더 문제를 진지하게 인식하게 된 계기는 각기 다르다. 생물학적 남성인 저자 추재훈은 자신이 '인간'일 뿐 아니라 '남성'이라는 자각을 하는 데에 지난한 과정이 필요했다고 고백하는 반면, 여성 저자인 수지와 영민에게 자신이 '여성'이란 사실은 그들이 '인간'이라는 사실보다 우선하는, 평생 따라다니는 일방적인 꼬리표 같은 것이었다. 우리는 저마다 누군가는 군대와 같은 남성 사회에서, 누군가는 국제정치학 속에서, 또 다른 누군가는 학생운동 집단에서 각자 어떤 부조리한 젠더 현실을 목격한 뒤 '우리의 인생을 망치러 온 구원자' 페미니즘을 만났다. 이렇듯 우리는 여기까지 이르게 된 계기나 경로는 각각 달랐으나, 젠더와 한반도 분단 문제가 서로 관통하는 지점을 찾고 싶다는 열망만큼은 같았다. 이 책은 그 열망을 실현하기 위해 함께 머리를 맞대며 고민한 결과물이다.

수지는 "한반도에서 여성은 어디 있는가?"라는 질문을 필두로, 분단국 군사주의하에서 여성들이 타자화되어온 역사를 톺아본다. 식민지, 냉전, 전쟁의 풍파를 거치며 한국 사회에서 여성의 섹슈얼리티는 도구로 전락했다. 정전 후에도 국가는 계속해서 군인을 필요로 했고, 이에 따른 군사주의적 남성성에 대한 강조는 필연적으로 여성성의 평가 절하를 수반했다. 또한 수지는 북한의 젠더정치를 살펴보면서 남과 북의 가부장제가 서로 공명한다는 점을 입증해 보인다. 분단이 지속되는 한 한반도의 여성들은 가부장적 질서와 정상성 이데올로기에 순응할 것을 지속적으로 요구받게 되고, 당면한 거시적 과업 속에서 젠더 문제는 사소한 것으로 치부될 것이다. 따라서 이러한 구조를 극복하기 위해서는 페미니즘적 감수성을 담은 통일 담론이 필요하다는 것이 이 장의 핵심 주장이다.

추재훈은 승자남성과 패자남성의 분화, 그리고 남성의 자기혐오라는 프레임을 바탕으로 여성혐오의 기원을 분석한다. 필연적으로 승자와 패자를 가르게 되는 전쟁과, 승자만이 섹슈얼리티를 독식하도록 하는 관행은 여성혐오로 이어지는 추동력이 되었다. 추재훈은 분단국가인 남한과 북한에서는 승자지향성이 강력하게 작동하고 있으며, 분단국 남성성은 그 속에서 여성의 도구화와 성 상품화를 기반으로 구성된다고 주장한다. 페미니즘 분야에서 남성성에 대한 연구는 매우 적은

편인데, 특히 국내에서 남성성에 대한 본격적인 논의는 거의 전무하다고 해도 과언이 아니다. 이러한 배경 속에서 이 글은 승자성과 패자성이 경합하는 남성의 내면을 들여다보고, 분단국 남성성이 한반도 여성혐오로 이어지는 과정을 추적했다는 점에서 의의가 있다.

마지막으로 영민은 분단국 민주주의가 어떻게 여성을 배제한 채 이뤄지는지 고찰한다. 영민은 학생운동 사회에 만연한 가부장적 문화를 목격하며 페미니즘과 조우하게 된 과정을 생생하게 그리며, 이 과정을 통해 민주주의는 기실 여성혐오와 밀접하게 맞닿아 있으며, 분단이라는 상황하에서 성차별적 구조는 더욱 공고해진다는 사실을 몸소 증명해 보인다. 진보 정치인들이 여성을 소외시키고 성소수자를 배제하는 모습, 대선 후보의 남성성 증명이 표심으로 이어지는 풍경, 이성애적 섹슈얼리티의 공유가 남북 지도자 간의 우애를 두텁게 하는 장면 등이 그 대표적인 예시에 해당한다. 그러나 영민은 지난해부터 이어진 미투 운동의 저력이 보여주듯 현실은 그리 비관적이지만은 않으며, 젠더 이분법을 깨기 위해서는 이처럼 용감한 이들의 저항과 연대가 지속적으로 필요하다고 제안한다.

이 책은 기성세대의 담론이 아니라 청년의 목소리로 한반도의 젠더를 분석하려는 첫 시도로서, 우리 사회에 색다른 시선을 보낼 것으로 기대한다. 끝으로 이 책이 나오기까지 도움을 주신 분들께 감사의 말씀을 드리고자 한다. 가장 먼저, 언제나 따뜻하면서도 예리한 눈빛을 견지할 수 있도록 도와주시고, 제자들에게 지지와 응원을 아끼지 않는 바꿈의 박순성 이사장님께 이 지면을 빌려 감사의 인사를 전해드리고 싶다. 또한 이번 프로젝트의 전 과정을 담당하신 바꿈의 홍명근 사무국장님과 김연수 이사님께도 감사드린다. 끝으로, 이 책은 도서출판 들녘의 관심과 애정 덕분에 세상의 빛을 볼 수 있었다. 특히 편집 과정에서 의미 있는 피드백을 주시고, 저자들이 논지를 다듬는 데에 많은 도움을 주신 이수연 편집자님께 감사의 말씀을 드리고 싶다.

2019년 1월 30일

저자들을 대표하여

수지 씀

분단된 한반도의 여성을 발견하다

_수지

그래, 나 페미니스트 맞다

"너 페미니스트니?"

얼마 전 온 가족이 모인 자리에서 친척 오빠에게 들은 말이다. 옆자리에 앉은 친척 오빠의 술잔에 한 손으로 술을 따르려던 순간, 그에게서 "수지 너… 페미니스트니?"라는 질문이 터져 나온 것이다. 마치 이상한 생명체라도 보는 듯한 시선, 사상 검증을 방불케 하는 질문을 받고 나는 잠시 당황했다. 술을 한 손으로 따르는 것과 페미니스트가 대체 무슨 상관인지는 모르겠으나 일단 "맞는데?"라고 응수했다. 관습의 굴레와 일체의 권위를 타파하려고 하는 사람이 이제는 페미니스트로 간주되는가 보다 싶었다. 그러나 내가 처음부터 이렇게 당당하게 "나 페미니스트 맞다"고 말할 수 있었던 건 아니다. 이 단계에 이르기까지 나에게는 길고 긴 사유 과정이 필요했다. 왜일까? 페미니스트란 무엇인가에 대한 이야기로 들어가기 전에 먼저 이 부분부터 짚어보고자 한다.

페미니스트가 된다는 건 쉽게 말해 동시에 수많은 적이 생기는 것이었다. 수시로 남자, 강자, 연장자, 권력자, 아버지, 선생님, 애인, 친구, 선배 등의 권위에 반항해야 했고, 당연하게 여겨지는 질서에 의문을 제기해야 했다. 페미니즘은 관념의 영역이 아니라 생활 속 실천의 영역이므로, 일상 전체가 투쟁이 되어야 했다. 따라서 스스로를 페미니스트로 정체화正體化, identification한다는 건 주변의 수많은 사람들과 일상적으로 싸워야 한다는 의미였다. 알베르 카뮈의 말을 빌리자면, "산다는 것 자체가 하나의 반항"이 되는 것이었다.

한편 페미니스트라고 하면 사람들이 나를 고정적인 이미지의 '무언가'로 규정하고 색안경을 끼고 볼 것이 두려웠다. 가령 짧은 커트 머리를 하고 줄담배를 피우며, 브래지어를 착용하지 않고 다리털을 면도하지 않는 여자. 삐딱하고 매사에 불만이 많은 남성혐오자. 비혼을 외치며 밤마다 여성주의 칼럼을 쓰는 고답적인 '여교수'의 모습이라든지. 20대 초반의 나는 생존을 위해서는 이러한 이미지를 피해야 한다는 것을 본능적으로 직감했던 것 같다. 조직에서 인기를 누리고 싶었고, 이성애자로서 남자들에게 사랑 받는 여자이고 싶었다. 그러나 페미니스트로서는 불가능했다. 불과 얼마 전까지만 해도 페미니즘은 가장 인기 없는 사상이었고, 페미니스트는 인기 없는 여성들의 집합소처럼 간주되었으므로. 또 페미니스트라는 정체성은 가족 안에서 나의 지위인 딸, 학교 안에서의 역할인 학생, 그리고 내가 지녀왔던 각종 사회적 직함들과도 병존할 수 없었다. '페미니스트 딸' '페미니스트 학생' '페미니스트 기자' '페미니스트 강사' '페미니스트 연구원'은 어딘가 불온하다.

　사실 나도 오래도록 그런 종류의 사람이었다. "페미니스트는 아니지만…"이라고 운을 떼던 사람. 무언가로 낙인찍히기 싫어서 언제나 한 발 물러섰던 겁쟁이. 지금 돌아보면 부끄럽기 그지없지만, 나는 필사적으로 스스로를 페미니스트와 구분하고 싶어 했다. 어떻게든 낙인을 피하고 싶었다. 내 생각을 드러내는 일은 곧, 하루하루가 전쟁터가 되는 일이었다. 과거의 나에겐 정치적 올바름을 추구하는 것보다는 인기를 얻는 게 더 중요했다. '보통 여성'도 아니지만 페미니스트도 아니라는 것을 증명하고 회색 지대에 위치하는 것은 매우 중요했다. 구태의연한 '여성성'에 순응하며 살아가지도 않지만, 피해의식에 휩싸여 있는 예민한 페미니스트도 아니다. 이러한 중간 지대가 우리 사회의 여성으로서는 가장 '안전하게' 살아갈 수 있는 영역이다.

　그럼에도 불구하고 언젠가 나를 해방하는 것은 반드시 필요한 수순이었다. 어느 순간부터 스스로가 페미니스트임을 시인(?)하게 되었는데, 이는 고작 4~5년 전의 일이다. 원하는 공부를 하려면 내가 믿는 가치가 무엇인지를 알아야 했으며, 그걸 깨달은 이상 더는 가치배반적인 언행을 할 수 없게 되었기 때문이다. 그렇게 치열한 사유 과정을 거친 끝에, 이제는 내가 페미니스트라고 말하는 게 더 이상 부끄럽지 않다.

생각해보면 나는 어릴 때부터 '사소한 분노'가 많은 사람이 었다. 한번은 고등학교 때, 수험 생활 동안 힘내라는 의미에서 엄마가 유리구두 장식품을 선물로 사 왔는데 그것이 집안싸움으로 번졌던 적이 있다. 나는 유리구두는 신데렐라를 꿈꾸는 사람의 상징 아니냐며, 시집가려고 공부하기는 싫다고 말했다. 옆에서 듣고 있던 오빠가 "그냥 선물인데 넌 애가 왜 이렇게 예민하냐"며 훈수를 놓았던 기억이 난다. 결국 나는 독서실 책상에 애꿎은 유리 구두 장식품을 갖다놓고 한참이나 울었다.

내가 가져야 할 '여성적 면모'가 나의 존재 자체보다 우선시되는 경우는 흔했다. 집안에선 딸로서, 학교에선 여학생으로서 귀여움성 있는 외모와 애교, 살가운 말투를 갖출 것이 요구됐다. 기자 일을 할 때는 취재력이나 기사의 질보다 내 얼굴과 화장에, 강사로 일할 때는 강의 내용보다 내 외모와 옷차림에 관심이 집중됐다. 감정노동과 꾸밈노동은 필수 조건이었다. 어딜 가나 일차적으로는 얼굴과 몸매로 평가되었고, 그 안에서 나의 인격체는 소외되어갔다. 살이 찌든 빠지든, 머리카락을 자르든 기르든, 화장을 하든 말든, 무슨 옷을 입든 그건 엄연히 나의 선택의 문제였지만, 나는 살아오면서 단 한 번도 타인의 평가로부터 물리적·정신적으로 자유롭지 못했다. 그러다 이러한 평가의 잣대들이 내가 생물학적 여성으로 태어났기 때문에 더욱 엄격하게 적용되었다는 것과, 그만큼 우리 사회에서 남성적 시선male gaze은 강력하다는 것을 깨달았다.

그렇게 점점 내가 가진 분노와 불편은 결코 사소한 게 아니며, 따라서 이를 부당하게 참고 있을 필요가 없다는 걸 알게되었다. 그 뒤로는 주저 없이 내가 생각하는 바를 말하고 실천하기로 결심했다. 그렇게 해서 결론적으로 나는, '연장자인 남자에게 한 손으로 거침없이 술을 따르는' 페미니스트가 되었다.

그때가 바로 페미니스트 모먼트

그렇다면 페미니즘이란 뭘까? 요즘 인터넷상에서는 "페미니즘은 여성주의이므로 곧 여성 우월주의 사상이다" "페미니즘은 양성평등 정신에 위배된다"는 등의 주장을 심심찮게 볼 수 있다. 그러나 페미니즘이 과연 여성만을 위한 담론일까? 그리고 '양성평등'이라는 말은 과연 타당한 것일까?

조금만 관심을 기울여 책 몇 권만 들추어보면 이런 말들이 틀렸다는 사실을 금세 알 수 있다. 물론 페미니즘 관련 연구에서 여성 및 여성성에 대한 논의가 높은 비율을 차지하는 건 사실이다. 그러나 많은 사람들이 오해하는 것처럼 페미니즘은 여자들만 잘 먹고 잘 살 수 있는 방법을 강구하는, 혹은 오로지 양성兩性에만 한정된 기계적 평등을 논하는 일차원적인 이야기가 아니다. 페미니즘은 우리가 살고 있는 세계를 젠더라는 렌즈를 통해 다시금 바라보고 분석하는 작업이며, 여성과 남성 등 젠더를 둘러싼 권력관계에 관한 고찰이다. 남자든 여자든 간에 "맞아, 오늘날의 젠더에는 문제가 있어, 우리는 그 문제를 바로잡아야 해, 우리는 더 잘해야 해"*라고 말하는 사람이 있다면 그게 바로 페미니스트라는 아디치에의 정의처럼, 반드시 페미니스트라고 명시적으로 선언하지 않아도 이러한 문제의식을 느끼는 사람이라면 누구든 페미니스트라고 칭할 수 있다.

물론 당연히 일상을 살아가면서 구태여 성별에 관한 것을 매순간 고려할 필요는 없다. 아침에 일어나 칫솔질을 할 때조차 '아, 나는 여성이었지' 혹은 '나는 남성이었지'라는 생각을 할 필요는 없지 않은가. 그러나 삶 속에서 부당한 일들이 반복되고, 이것이 성별 때문이라는 것을 자각하게 되면 이야기

---

* 치마만다 응고지 아디치에, 김명남 옮김, 『우리는 모두 페미니스트가 되어야 합니다』, 창비, 2016.

는 달라진다. 자신의 젠더(사회적 성)를 인식하고 그 젠더에 요구되는 딱딱한 사회적 규격들에 대해 불만을 가지는 것이 페미니즘적 사유의 시작점이다. 여자는 조신해야 돼, 남자는 힘이 세야 돼, 혹은 여자는 가사노동을 잘해야 돼, 남자는 군대에 가야 돼 등의 '당연한 말'들이 점점 귀에 거슬리기 시작할 때, 당신은 이미 페미니스트 모먼트feminist moment의 출발선에 서 있는 것이다.

내 안에서 밀려오는 수많은 의문들로 인해 당연했던 일상이 흔들리고, 스스로를 지탱하던 관성과 중력이 무너지게 되더라도 자신과 주변을 바꿔나가고 싶은 욕구, 이것이 바로 페미니즘이다. 페미니즘은 누군가에게 투쟁이 될 수도 있고, 누군가에겐 글쓰기가 될 수도 있으며, 누군가에겐 응시와 관찰이 될 수도 있다. 위대하거나 소소하거나, 시끄럽거나 조용한 이들 모두에게 페미니스트란 이름이 붙을 수 있다. 비판적인 시선을 견지하는 동시에 다른 한편으로는 사람과 세상에 대한 애정과 변화에 대한 믿음을 품고 있다면 말이다.

나는 우리들 모두가 '자기만의 페미니즘'을 갖고 있다고 생각한다. 그러므로 기존의 젠더 구조에 문제를 느끼고 있는 사람이라면, 한 번쯤 페미니즘에 대한 자기 나름의 정의를 내려볼 필요가 있다. 나에게 페미니즘이란, 나의 의지대로 생을 꾸려나가기 위한 사유의 도구다. 오늘의 내가 부당한 것들에 압도되어 살지 않기 위한 실천적 지침서. 여성이라는 굴레에 덧씌워진 장벽을 넘어 온전히 나로 살겠다는 외침. 이것이 나의 페미니즘이다. 또한 이런 내 가치관을 세상에 내보일 수 있다는 증명, 나와 지향점을 공유한다면 함께 연대하자는 부드러운 손짓이 바로 나의 '페미니스트 선언'이다.

페미니즘 국제정치학과의 만남: 한반도의 여성을 발견하다

이제부터는 내 지적 여정에 더 깊이 초대하려고 한다. 공부를 업으로 삼고 살아온 나에게 삶과 학문은 분리되지 않는다. 그런 의미에서 생의 도구인 페미니즘은 자연스레 내 학문적 사유의 틀로서도 자리잡았다. 지난 몇 년 간, 내가 한반도와 젠더라는 전혀 동떨어져 보이는 두 가지 이야기를 어떻게 엮어나갔는지 살펴보면서 이 두 가지 화두를 함께 논해보고자 한다.

　나는 학부에서 북한학을 전공했다. 분단이라는 화두를 사회적으로 풀어내는 방식에 흥미를 느꼈고, 공부에 재미가 붙어 대학원 진학을 선택했다. 북한을 바라보는 관점을 넓히고자 대학원 전공으로 국제정치학을 택하긴 했지만, 사실 이 학문 자체에 큰 애정은 없었다. 힘의 추구와 폭력의 작동을 본질화하는 현실주의 이론에 대한 반감이 깊었던 탓이다. 국가를 행위자로 보고 거시적인 다이내믹스를 분석하는 현실주의 국제정치학은 정작 그 속에서 숨 쉬고 살아가는 '사람'의 문제는 놓치고 있는 것처럼 느껴졌다. 또 국제정치학이라고 하면, "남자들만 여기 여기 붙어라!"라고 외쳤다고 해도 과언이 아닐 정도로 남성 학자들로만 가득한 광경, 파이팅 넘치는 표정의 남자들이 일렬로 서 있는 주류 국제정치학회의 단체사진 같은 모습이 연상됐다. 여전히 서양인, 백인, 남성과 같은 기득권층의 영역으로 공고하게 유지되고 있는 국제정치학과 국제정치학계에 대해 왠지 모를 거부감이 들었다. 그 세계에 들어간다는 것은 기울어진 운동장의 끄트머리에 위태롭게 매달리는 것처럼 느껴졌다.

다행히도(?) 나는 애초에 그런 메이저리그에 진입하는 일에는 관심이 없었다. 그저 내 안의 화두를 해결하느라 정신이 없었다. 그래서 석사 입학 전후로는 젠더와 섹슈얼리티 문제에 대해 쏟아지는 궁금증을 해결하느라 동분서주했다. 주류 국제정치학에서 쏙 빠진 질문, "인간은, 그중에서도 여성은 도대체 어디 있는가?"에 대한 대답이 나에겐 절실했다. 이때 내게 답을 준 것이 바로 페미니즘 국제정치학Feminist International Relations이었다.

페미니즘 국제정치학은 남성 위주의 국제 질서를 의문시하며 그 안의 여성의 위치를 캐묻는 당돌한 학파다. 거시적인 국제정치·경제의 세계에서 좀처럼 보이지 않는 여성의 위치를 의문시하는 이 학문은 단숨에 내 마음을 사로잡았다. 이를테면, 브랜드 운동화 하나를 보면서도 그 이면에 있는 가부장적 글로벌 산업구조(남성 자본가들이 제3세계의 저임금 여성 노동자를 착취하는 경제 카르텔)를 파헤치거나, 단순히 정치·군사적 차원으로만 존재하는 것 같았던 전쟁이 젠더 이데올로기를 이용한 여성(간호사, 빨래 등 잡무를 담당하는 종군 인력, 성매매 여성 등)의 동원을 반드시 필요로 했다는 걸 연구하는 식이다.

누구도 찾지 않을 것 같은 도서관 보존서고에서, 먼지가 뽀얗게 쌓인 페미니즘 국제정치학자들의 책들을 빌려 한쪽 팔에 가득 안고 집에 돌아갈 때면 뿌듯함을 느꼈다. 저자들은 저마다 나에게 "바보야, 문제는 젠더야!"라고 외쳤다. 젠더 없이 국제정치는 작동할 수 없으며, 이 세계는 여성과 남성을 성별화하여 활용하지 않고는 굴러가지 않는다. 그 속에서 구조와 사람 중 어느 쪽도 놓치지 않으면서, 우리 삶에 뿌리내린 젠더정치를 풍부한 역사적 맥락 속에서 짚어내는 이 학문에 나는 깊게 매료되었다.

다시 처음의 이야기로 돌아가자. 내 관심의 초점은 애초에 국제정치 이론 자체도, 세계의 다른 어느 지역에 대한 사례 연구도 아닌 바로 한반도에 있었다. 페미니즘 국제정치학을 경유하여 내가 이야기하고자 하는 내용은 결국 북한, 통일 문제였다. 이 땅에 대한 애증, 분단이라는 수수께끼, 통일이라는 블랙박스. 이 무시무시한 궁금증을 풀어내는 것이 내 사명이자 과제였다.

재미있는 사실은 북한·통일 관련 연구와 젠더 연구의 '접점'이 부재하다는 것이었다. 학부 때부터 흔히 접했던 북한·통일 연구에는 젠더 감수성을 담은 책이나 논문이 흔치 않았다. 그리고 반대로 여성학 분야에서는 분단 문제에 대한 관심을 찾아보기 힘들었다. 두 관점을 흥미롭게 접목시킨 일부 선구자적인 학자들의 연구를 제외하면 이 둘을 접목시키는 시도는 아직 부족했다. 북한 여성 연구는 양적으로 꽤 축적되었으나 페미니즘적 시선에서 북한의, 한반도의 젠더 관계를 바라보는 연구는 극히 드물었다. 이러한 사각지대를 한번 파고들어보고 싶다는 생각이 들었다. 한반도 문제와 젠더를 어떻게 엮을 수 있을까? 탄생할 수 있는 이야기는 무궁무진해 보였다. 나는 한반도 분단을 섹슈얼리티의 관점에서 해체하고 분석하는 작업부터 시작했다.

한반도의 섹슈얼리티와 젠더

기지촌: 분단국의 여성 섹슈얼리티 착취

섹슈얼리티sexuality란 다소 모호한 용어다. 예전에 대학원 친구에게 섹슈얼리티 수업을 듣는다고 했더니 "섹슈얼리티 수업은 대체 뭘 배우는 거야? 체위 같은 걸 가르치나?"라고 되물어서 경악했던 적이 있다. 섹슈얼리티라는 단어의 정의와 용례는 매우 다양해서 하나로 종합하기는 어렵다. 보편적으로는 성적인 것과 관계된 담론을 통칭하는데, 성에 대한 태도·가치관, 철학 등을 모두 아우른다. 젠더가 사회적 성 담론을 광범위하게 나타낸다면, 섹슈얼리티는 다양한 사회적 문맥이 인간의 '몸'에 투영되는 방식을 중점적으로 다룬다.

이야기를 조금 더 쉽게 풀어나가기 위해 책을 한 권 소개하고자 한다. 캐서린 문Katharine Moon의 『동맹 속의 섹스』는 나에게 많은 영감을 주었다. 캐서린 문의 연구는 가장 소외받는 여성들의 존재를 국제정치의 주 무대에 등장시켰다는 점에서 여성주의 국제정치 연구의 주요 성과로 꼽힌다. 이 책은 한국 내 기지촌 문제를 중심으로 이른바 기지촌 내 젠더 관계라는 '저위 정치'와 한미동맹이라는 '고위 정치'가 어떻게 서로 영향을 주고받으며 작동했는지를 다뤘다. 1970년대 초반 닉슨

그 발화 양상도 다양해졌다. 2018년에는 서지현 검사의 폭로를 시작으로 'Me Too' 운동이 벌어졌고, 여성들은 성차별적 상황을 더 이상 좌시하지 않겠다는 태도를 보이기 시작했다. 이에 맞서 남성들도 피해자 의식Victim Consciousness을 공유하며, 여성들이 의무는 이행하지 않으면서 권리만 주장한다고 비난했다. 일명 '여혐' 논란에 '남혐'이라는 프레임으로 맞대응하는 남성들의 태도는 꽤 일관되고 진지하다.

최근 한국여성정책연구원의 조사를 보면 남녀 간 젠더 인식 격차가 뚜렷하다는 것을 알 수 있다. 여성에 대한 고정관념과 차별이 심각하다고 생각하는 여성이 79.3%로 나타난 데 반해, 남성의 경우 42.6%에 그쳐 남녀 간 인식 격차가 약 37%p에 달했다. 또, 20대를 대상으로 "자신을 페미니스트라고 생각하는가"라는 질문을 던졌을 때 48.9%의 여성들이 그렇다고 대답한 데에 비해 남성은 14.6%에 그쳤다. 즉, 20대 여성 사이에서는 페미니스트라는 정체성이 대중화되었지만 남성의 경우엔 그렇지 않았다는 것이다*. 이와 같은 남녀 간의 정체성 괴리는 왜 나타났을까? 그리고 최근 몇 년 사이에 한국 사회에서 불거진 소위 '남녀갈등'은 어디에서 기인한 걸까?

* 이동선, 「20대 여성 2명 중 1명은 자신을 페미니스트라 생각」, 『KWDI Brief』 제49호, 한국여성정책연구원, 2018.

남자와 여자를 가르는 제도와 문화는 무엇일까?

　신자유주의, 양극화, 경제 위기 등 다양한 측면에서의 분석이 가능할 것이다. 이를테면 〈시사인〉 천관율 기자는 일베 연구자 김학준 씨의 논문을 기반으로 신자유주의와 신보수주의의 결합을 '무임승차론'이라는 새로운 코드로 분석했다. 군대에 다녀오지 않은 여성, 장애인, 난민, 이주자, 세월호 유가족 등을 혐오하는 일부 남성들의 심리는 '무임승차'에 대한 단죄 심리라는 것이다. 이 시대에 달성하기가 너무도 어려워진 '평범한 삶'에 대한 갈망, 개인의 노력에 대한 맹신이 여성, 소수자, 약자에 대한 엉뚱한 혐오로 이어진다는 것이다.* 설득력 있는 주장이다.

　그러나 나는 구조적·심리적 분석의 차원을 넘어, 역사·정치적인 접근을 시도하려고 한다. 남녀갈등이라는 상황이 만들어지기까지의 과정을 한국전쟁이라는 역사, 분단이라는 사회적 구조, 군대라는 제도, 그리고 군사주의라는 문화적 렌즈를 통해 살펴보고자 한다. 1950년 도입된 국민개병제國民皆兵制를 명목으로 거의 모든 남성을 군대에 보내는 사회, 군 복무를 둘러싼 다수의 순응과 관망이 정상성의 규범으로 작동하

---

* 천관율, 「이제 국가 앞에 당당히 선 '일베의 청년들」, 『시사인』 제367호, 2014.

는 사회에는 어떤 젠더 갈등 요소가 숨어 있는지 차근차근 알아보겠다.

우선 대학 캠퍼스를 떠올려보자. 한국의 대학 사회는 입대라는 거대한 이벤트를 중심으로 남학생과 여학생의 시차가 다소 어긋나게 구성되어 있다. 우선 갓 입학한 신입생 후배들과 군대에 다녀온 복학생 '오빠'들 사이에는 성별과 나이의 위계가 자연스럽게 형성된다. 또 2학년에 접어들면, 군대에 간 남자 동기들과 여자 동기들 사이에는 적지 않은 시차가 형성된다. 단순히 시간적 차원을 넘어서, 2년간 서로 다른 세계에 몸을 담그게 되는 경험은 남녀 사이의 크나큰 인식 격차를 낳는다. 이처럼 대학의 젠더 구조에 군대라는 제도가 미치는 영향력은 생각보다 막강하다.

남자들은 군대라는 남성만의 커뮤니티에 속하게 되면서 살아남기 위해 동성사회성Homosocial**을 공고화한다. 군의 통제 시스템 속에서 살아가면서 여성에 대한 대상화와 타자화를 익히는 것이다. 타자인 여성을 비하하고 깎아내리면서 헤게모

** 동성사회성은 성적Sexual이지 않은 남성 간 유대를 뜻하는 말로, 동성애Homosexual 와는 구분된다. 우에노 지즈코는 이브 세지윅의 동성사회성 개념을 차용해 남성 집단 내 '성적 주체'로서의 승인과 연대가 여성혐오의 골자라고 설명한다. "남자는 남성 집단 의 정식 멤버로 인정됨으로써 최초로 남성이 되는 것이며 여자는 그 가입 자격을 위한 조건, 또는 그 멤버십에 사후적으로 딸려 오는 선물 같은 것이다."(우에노 지즈코, 나일 등 옮김, 『여성 혐오를 혐오한다』, 은행나무, 2012, 75쪽.)

니적 남성성의 규범을 획득한다. 삶 자체가 폭력으로 점철되므로, 이 속에서 점점 폭력 자체에 무뎌진다. 일종의 생존 전략이다. 이들은 전역하고 나와서 복학생이 되고 대학과 회사 등 사회에 속하게 되면서, 종종 거기서 군대에서 배운 질서를 수행하게 된다. 이러한 일련의 과정은 우리 사회에서 자연스러운 삶의 방식이나 당연한 절차처럼 받아들여지고 있다.

대학이라는 한정된 공동체를 기준으로 이야기를 시작했지만, 군대는 대학을 넘어 사회 전반에 지대한 영향력을 미친다. 그렇다면 도대체 한국에서 군 복무라는 제도는 왜 이렇게 막강한가? 징병제를 정당화하는 기제는 무엇인가? 군사문화는 어떻게 하나의 문화로 자리잡게 되었나?

사유의 출발점은 돌고 돌아 한국전쟁이었다. 전쟁은 남녀 젠더의 '기능'을 분명하게 갈라놓는 계기였다. 나의 할아버지는 한국전쟁에 참전해 상이군인이 되셨다. 아군의 포탄에 동생을 잃은 사연, 변변한 수술기구나 마취제 하나 제대로 구비되어 있지 않던 야전병원의 비참한 광경, 생과 사의 거리가 채 1cm도 되지 않던 총알 싸움까지. 60년이 지나도 전쟁의 아픔은 몸과 마음에서 지워질 수 없었다. 그러나 어느 순간부터 한 가지 의문이 들었다. 왜 할머니의 전쟁 이야기는 들어본 적이 없을까?

다음과 같은 차이는 근대 한국 사회에서 중요한 구분선을 만들었다. 전쟁을 직접 겪은 이와 아닌 이. 전쟁에 대해 말할 수 있는 사람과 아닌 사람. 전방과 후방. 지키는 자와 보호받는 자. 남자와 여자. 전쟁은 이처럼 남녀라는 젠더 간 이분법적 차이가 극대화되는 시기다.

전쟁이 만든 젠더 분단

1953년, 평화협정 없이 제대로 끝맺지 못한 전쟁은 분단을 고착화·항구화했다. 정전체제하에서 한반도는 항시적인 '전시戰時 사회'로 진입했다. 총포가 멎은 이후에도 군대는 계속해서 사람을 필요로 했다. 또 당연하게도, 군대는 군인들에 대한 인센티브 없이는 운영될 수 없었다. 국가는 제대한 군인들에게 당근을 제공해야 했고, 이에 군 복무를 노동 시장에의 진입과 연계함으로써 남자들은 취업 시장에서 더 유리한 위치를 확보하게 되었다. 1988년 남녀고용평등법이 실시되기 이전까지 3분의 1 이상의 기업들이 '병역필(또는 면제)'을 지원 자격으로 내걸었고, 이는 남자에게만 기회가 열려 있다는 것을 뜻했다. 또한 군 복무를 경력으로 인정하여 제대 군인의 경우 기업 내에서 더 빠르게 승진하는 관행이 자리잡았다. 이는 공기업뿐만 아니라 사기업에서도 마찬가지였다. 1999년까지 유지된 '군 가산점제'도 제대 군인에게 특혜를 제공하는 제도 중 하나였다. 군 가산점제는 1961년 공포된 군사원호대상자 임용법에 의해 시행됐으며, 공공 부문과 몇몇 민간 부문에서 제대 군인들에게 가산점을 제공했다.* 이처럼 군 복무에 대한 고용 인센티브는 남자들을 한국 사회의 유일한 '인싸(인사이더)'로 구성하는 데에 일조했다.

분단에 따른 군사주의는 남자들을 사회·경제적으로 우위에 있도록 했을 뿐 아니라, 여성혐오적 정서를 재생산하는 기반이 되었다. 남성적인 군인 만들기는 여성혐오에 기초해 이루어지며, 남성성과 여성성에 대한 고정된 편견을 생산하고 유포한다. 군대 내에서 군인들을 훈육할 때 거칠고 공격적인 '남성성'을 추구해야 하며, 약하고 수동적인 '여성성'은 지양해야 한다고 강조하는 행태는 자주 관찰된다.** 이런 까닭에 폭력적인 남성성이 군인으로서의 정체성을 구성하게 되는데, 이는 어느 나라의 군대에서나 나타나는 일반적인 특징일 것이다. 그러나 우리에게 이것이 특히나 문제가 되는 이유는, 국민 개병제하에서 모든 남성이 군대에 가는 것이 의례적인 일이 되었기 때문이다. 다시 말해, 군대 내에서 학습된 남성성이 제

* 문승숙, 이현정 옮김, 『군사주의에 갇힌 근대』, 또하나의문화, 2007, 65-69쪽.
** 위의 책, 78-80쪽.

대 후에도 남성 중심적 사회 속에서 반복적으로 실천되는데, 이 과정에서 여성혐오적 정서가 자연스레 곳곳에 스며들게 된다는 것이다. 또, 군대에 다녀오지 않은 남성들도 우리 사회에서 '온전한 남성'으로 인정받기 위해 군사화된 남성성을 적극적으로 익히고 실천한다.

여성학자 정희진은 모든 남성이 군대에 간다는 통념은 애초에 '신화'라고 지적했다. 실제로 모든 남성이 군대에 가는 것은 아니라는 현실이 남성들 내부의 차이와 균열을 만들어낸다. 1950년 국민개병제가 도입된 이후, 남성의 징집률은 시대적 상황에 따라 유동적으로 조절되어 왔다. 1986년에는 전체 징병 대상자 중 현역으로 복무하는 비율이 51%였으나, 저출산이 만연한 2013년엔 91%에 이르렀다.*** 또한 병역은 징집자의 경제적 계급과도 밀접한 연관이 있다. 단적인 예로, 삼성가의 병역 면제율은 73%에 이른다. 2015년 기준으로 일반인 남성의 병역 면제율은 약 6.4%이며, 재벌가 전체의 면제율은 33% 정도다.**** 병역 비리나 기피, 특례 이외에도 병역 거부 등 여러 이유로 군대에 가지 않는 남성들이 존재한다. 현역으

*** 정희진, 「군대 가는 남자, 보내는 남자」, 경향신문, 2018.12.18.

**** 「삼성가 병역면제율 73%, 그 뒷얘기를 아세요?」(김의겸, 한겨레, 2015.02.23.)에서 재인용.

로 복무하고 제대한 남성들이 '예외'와 '반칙'에 민감해질 수밖에 없는 이유다.

나는 우리 사회에 만연한 병리적 섹슈얼리티의 문제 또한 분단과 군사주의의 연장선상에서 바라본다. 우리나라는 성매매 산업 규모가 세계 6위를 차지할 만큼 여성 섹슈얼리티의 산업적 착취가 심각한 나라 중 하나다.* 2016년 여성가족부 조사에 따르면 한국 남성 중 절반 이상(50.7%)은 성매매 경험이 있는 것으로 나타났으며, 1인당 평균 성구매 횟수는 8.46회에 달했다. 최초 성구매 동기로는 호기심 다음으로 "군 입대 등 특별한 일을 앞두고" "회식 등 술자리 후 모두가 함께 가서"가 각각 2, 3위를 차지했다. 이 외에도 "친구, 동료 선배들의 압력" "접대 관행상" 등의 답변도 도합 13%를 넘었다.** 군대, 학교, 직장 등에서 남성성을 과시하고 동성사회성을 형성하기 위한 수단으로서 성구매로의 유입은 일상적이다.

이처럼 섹슈얼리티는 국가 폭력과 떼려야 뗄 수 없는 관계에 있다. 전시 강간, 군에 의한 위안소 운영, 기지촌 클럽 등

* 최근의 '성노동 담론'은 성판매자는 단일한 정체성을 지닌 동질적인 피해자 집단이 아니며, 이들의 주체성과 선택을 존중해야 한다고 주장한다. 그러나 나는 성매매 여성의 희생자성과 행위자성 중 어느 하나만 강조하는 이분법적 사고를 거부한다. 성매매는 선택 혹은 비선택의 문제가 아니며, 자본주의와 가부장제라는 거시적인 틀 속에서 조명해야 한다고 본다.

** 여성가족부, 「성매매 실태조사」, 2016.

국가가 용인하는 성 산업 카르텔 등은 모두 국가 폭력과 헤게모니적 남성성, 그리고 여성에 대한 성적 착취가 각각 어떻게 연결되는지 보여주는 대표적인 사례다. 특히 20세기 동아시아에서 국가 폭력은 냉전과 결부되면서 복잡하고도 교묘한 형태로 펼쳐졌다는 사실에 주목해야 한다. 동아시아의 냉전은 '열전'의 형태로 나타났고, 국가 폭력으로 인한 피해는 한 나라에 국한되지 않고 광범위하게 나타났다. 따라서 동아시아 냉전하에서 각국이 경험한 국가 폭력은 본질적으로 모두 연계되어 있다고 해도 과언이 아니다.

60년대 한국군의 베트남전쟁 파병 또한 이러한 맥락에서 살펴볼 수 있다. 베트남 파병은 냉전 시기의 정치·경제적 계산 속에서 이루어졌다. 한국은 미국의 동맹국으로서의 위치를 확고히 하고 북한보다 경제적으로 우위에 서기 위해서 파병이라는 선택지를 택했다. 그렇게 파병된 한국군이 베트남에서 보여준 잔혹성에 대해서는 잘 알려져 있다. 한국군이 저지른 민간인 학살, 현지 여성에 대한 성폭력 등은 악명이 높다. 그러나 파병이 실제로 우리 사회의 섹슈얼리티에 어떤 영향을 미쳤는지에 대해서는 상대적으로 잘 알려져 있지 않다. 이태주는 파월派越 장병들의 경험을 통해 베트남전쟁에서의 젠더폭력과 한국 사회에 일상화된 군사문화 사이의 연관성을 분석했다. 연구에 따르면 파병에서 돌아온 남성들은 술자리에서 베트남 여성을 가리키는 은어를 사용하는 등 여성에 대한 폭력적 시선을 공유했고, 기업에서는 여성혐오적 접대 문화를 주도했다.* 베트남전쟁 파병이 국내에 미친 영향은 냉전 이데올로기로 인해 나뉘고 할퀴어진 한국과 베트남이라는 두 분단 사회에서 국가 폭력의 고리가 어떻게 이어져 있는지를 보여주는 대표적인 예다.

이처럼 전쟁과 폭력이라는 극단적 상황은 남성에게 여성 섹슈얼리티에 대한 지배적인 지위를 부여했다. 한국 남성들 사이의 유대감은 성별 권력을 이용해 여성들을 마음대로 착취할 수 있는 남성성을 서로 재확인하고 공유하는 형태로 형성되었다. 아직까지 비정상적 정전체제에 놓여 있는 한국 사회에서 이러한 구조는 강력하게 유지되고 있다. 신자유주의가 고도화될수록 여성에 대한 착취는 금전적 거래 관계라는 명분과 함께 더욱 교묘해졌으며, 일상 속 군사주의라는 흐름 속에서 한층 더 철저한 방식으로 이루어지고 있다. 남성의 병역 경험도 다양화되고 있으며, 군 복무는 취업을 위한 스펙,

---

* 이태주, 「파월장병의 전쟁 담론과 군사문화의 일상화」, 『동아시아의 전쟁과 사회』, 한울, 2009.

또는 경력이라는 이름으로 위장하기도 쉬워졌다.** 그러나 폭력은 폭력을 끊임없이 재생산하고, 폭력적 사슬의 말단에는 언제나 여성과 약자가 있다는 사실에는 변함이 없다. 정전체제하에서는 남성도 여성도 한낱 성별화된 병기兵器일 뿐이다. 전쟁이 끝나지 않으면 남성도 여성도 폭력의 굴레 속에서 헤어 나올 수 없다.

전쟁으로 좌절된 북한의 여성해방***

그렇다면 북한에서는 어땠을까? 한반도의 젠더를 논함에 있어서 우리 사회와 동전의 양면을 이루는 것과도 같은 북한에 대한 이야기를 빼놓을 수 없다. 분단 후 북한에서도 남한과 유사한 군사주의와 젠더 구조가 나타났을까?

결론부터 말하면, 남과 북은 매우 유사한 모습을 보였다. 정통 사회주의 이념에서는 '여성해방'을 중요한 과제로 생각한다. 여성의 경제적 종속이 성적 종속을 가져왔으며, 따라서 사회주의혁명을 통해 여성을 노동자화하고 경제적으로 자립시

** 정희진, 앞의 글.

*** 이 장의 내용은 내 논문 내용 중 일부를 발췌 및 요약한 것이다. Choi, Suji, Gender Politics in Early Cold War North Korea: National Division, Conscription and Militarized Motherhood from the Late 1940s to 1960s, *Journal of Peace and Unification* 8(2), 2018.

켜야만 남성과 동등한 지위를 확보할 수 있다는 것이 사회주의 여성해방론의 핵심 주장이다. 이런 관점에 입각했을 때, 사회주의 국가인 북한에서는 남한과는 다른 젠더 구조의 양상이 나타났어야 이치에 맞다. 그러나 북한은 사회주의국가인 동시에, 냉전의 직격타를 피해갈 수 없었던 동아시아 신생국이자 제국주의로부터 갓 독립한 탈식민 국가였다. 북한은 남한과 마찬가지로 냉전하에서 분단과 전쟁이라는 소용돌이에 휘말렸고, 이 과정에서 남녀평등론 또한 국가와 민족의 존립을 위한 젠더정치로 변질되었다. 체제 경쟁과 군사주의라는 맥락 속에서 남녀평등이 대남선전용 레토릭으로 활용되는 동안, 실제 여성 문제 해결은 뒷전으로 밀려났다.

그러나 분명히 북한은 해방공간에서 여성 문제에 대한 뚜렷한 관심을 보였다. 북한에는 1948년 남북이 단독 정부를 수립하기 전부터 일찍이 여성 문제와 관련한 법제적 정비가 있었다. 북조선임시인민위원회는 1946년 7월 30일 '남녀평등권에 대한 법령'을 채택했는데, 이 법령에는 당시 실정으로서는 꽤 급진적인 내용의 조항들이 담겨 있다. 전문은 다음과 같다.

이 외에도 북조선임시인민위원회는 가족관계등록법의 폐지와 토지개혁법, 노동법의 채택 등을 통해 기존 봉건 가부장제의 잔재를 없애고 여성에게도 남성과 동등한 권리를 부여하는 데에 주력했다. 〈조선녀성〉에 따르면 '동일 노동 동일 임금' 원칙과 탁아소 운영 등이 뒷받침되며 1946년에서 1948년 사이 북한의 여성 노동력은 188.8퍼센트나 증가했고, 특히 여성 생산 기능자(기술자)의 증가율은 346%나 됐다.*

그러나 이러한 수치들은 여성의 사회 참여율을 피상적으로 나타낼 뿐, 젠더 구조를 근본적으로 개편하는 것과는 거리가 멀었다. 북한은 앞의 법령 공포 이후에 공화국 북반부에서는 남녀평등이 '완전히 실현되었다'는 입장을 고수한다. "여성들이 어느 곳에서도 완전한 평등을 보장받고 있다"**고 자화자찬하며 여전히 산재한 젠더 이슈들에 대해 진지하게 성찰하기를 멈추었고, 실제 여성들의 현실과는 점점 더 괴리되어갔다. 이는 '여성해방=여성의 노동자화'라는 단순한 공식을 만들고 다른 과제들을 도외시한 사회주의 이념 자체의 한계이기도 하지만, 동시에 남한에 끊임없이 체제 우월성을 선전해

---

* 박정애, 「남녀평등법령실시 3주년을 맞이하여」, 『조선녀성』 7월호, 평양:조선녀성사, 1949, 17쪽.
** 조선녀성사 편집부, 「남녀평등법령 실시 후 3년간: 부강조국건설의 제1렬에서」, 『조선녀성』 7월호, 평양:조선녀성사, 1949, 35쪽.

야 하는 분단국 북한의 정치적 전략이기도 했다. 북한은 "통일조선 민주주의 임시정부도 1천500만 조선여성의 지지를 받으려면 반드시 남녀평등법령을 전 조선에 실시할 수 있는 정부라야 할 것"이라며, 모든 방면에서 여성에게 더 나은 권리를 보장하는 북한 정부야말로 통일된 나라를 이끌어갈 자격이 있다고 강조했다.* 이렇게 분단 상황에서 여성 해방은 통일을 위한 수사로 전락했고 여성들의 삶은 점점 소외되었다.

특히 1950년에 발발한 한국전쟁은 북한의 젠더정치를 더욱 가속화했다. 전쟁은 북한 여성들에게 양날의 칼이었다. 전쟁은 한편으로는 여성들의 사회 진출을 일시적으로 촉진시키기도 했다. 전쟁이 대규모의 남성 공백 사회를 만들기 때문이다. 따라서 남성들이 전쟁터에 나간 동안 여성들이 그 공백을 채워야 했고, 공장이나 농업 지대 등에서 전통적으로 남성들이 담당하던 중노동 역할까지도 맡을 것을 요구받게 되었다. 이러한 일련의 현상들은 겉으로는 고무적인 것처럼 보인다. '남자가 할 일'과 '여자가 할 일'이라는 전통적인 구분을 뛰어넘어 여성들에게 광범위한 노동 참여를 독려했기 때문이다.

그러나 이는 다른 한편으로 오히려 가부장적 관념을 강화

* 조선녀성사 편집부, 「사설: 민주개혁과 남녀평등권법령」, 『조선녀성』 7월호, 평양:조선녀성사, 1947. 3쪽.

하는 것이기도 했다. 당시 북한 정권은 "조국과 인민을 위하여 전선에 나간 남편들과 오빠들과 아들딸들을 대신하여" 여성들이 가정과 직장에서 일하고 투쟁할 것을 주문했다. 이처럼 전쟁 중 여성들을 노동자로 적극 호명하는 것은 결과적으로 여성에 대한 임파워링Empowering보다도, 가족 공동체 질서의 내면화**를 의미하는 것이었다. 전통적인 방식으로 남성의 역할과 여성의 역할을 뚜렷하게 구분하면서, 여성이 두 가지를 모두 떠맡는 이중 노동에 기대고 있기 때문이다. 실제로 전쟁이 끝난 이후 몇 년 동안 북한에서 여성의 노동 참여율은 소폭 감소하게 되는데, 이는 전쟁 중 여성들이 '잠시 동안' 담당하던 역할을 그 본래 주인인, 전장에서 돌아온 남성들에게 되돌려준다는 방증이다.***

한국전쟁으로 인한 북한의 피해는 남한보다 더 광범위하고 막대했다. 미군은 전쟁터와 민간 구역을 가리지 않고 무차별 폭격을 퍼부었는데, 주로 후방 지역에 위치했던 군수공장이나 식량을 보급하기 위한 농경지들이 공격의 대상이 되었다. 지역 농가에서 여성들이 무장을 한 채로 농사를 지었다는 증언을 들어보면 전후방을 가리지 않고 막대한 인적·물적 피해

** 박영자, 『북한 녀자』, 앨피, 2017, 275쪽.

*** 윤미량, 『북한의 여성정책』, 한울, 1991, 89쪽.

가 있었음을 알 수 있다. "후방도 전선이다"라는 구호하에 여성들은 일상에서 전쟁을 치러야 했다.*

전후 북한은 극도로 불안한 상태에 놓여 있었다. 냉전이 본격적으로 시작됐고, 동아시아에서는 중소분쟁까지 겹쳤다. 이러한 상황 속에서 북한은 군사주의 노선을 제도화하여, 1962년에 이른바 '4대 군사노선'을 채택함과 함께 대내외에 군사주의 국가임을 천명했다. 그 4대 노선 중 하나가 "전인민의 무장화"로, 우리가 현재 북한 사회에서 목격하는 고도화된 군사국가의 밑그림이 이토록 이른 시기에 완성된 것이다. 전장의 총포는 멈췄지만, 북한 사회의 군사화는 더욱 가속화되었다. 남한에 군사·경제적 지원을 아끼지 않는 미국과는 달리, 북한에 대한 중국과 소련의 지원은 점점 줄어들었다. 이처럼 냉전과 분단이라는 엄혹한 현실 속에서 남한과의 체제 경쟁에 밀리지 않기 위해 북한은 점점 더 필사적으로 자주국방을 실시해갔다.

'초모招募제도'라고 불리는 북한의 징병제는 군사문화와 성별 위계질서 정착의 핵심적인 기제가 되었다. 전쟁 이전까지 명목상 모병제였던 북한의 군 복무 제도는 한국전쟁 시기를 거치며 실질적인 징병제로 거듭났다. 우리로 따지면 주민등록

---

* 박영자, 앞의 책, 262-271쪽.

증과 유사한 공민증을 교부받기 위해서는 군사등록을 동시에 실시할 것을 의무화함으로써 직접적이고 강제적인 징병 시스템이 마련되었다.** 북한은 군 복무를 의무화하는 데 대한 정당성을 얻기 위해 남성들에게 정치·경제적 인센티브를 제공했다. 군사 복무를 마친 남성들에게는 조선노동당에 입당할 수 있는 기회가 확대되었고, 제대 군인들은 여성들보다 좋은 직장, 높은 직급에 배치되는 것이 당연시되었다. 당원증을 소지했거나 중공업에 종사하는 남성들은 식량 배급도 더 많이 받을 수 있었는데,*** 이는 결과적으로 남성이라는 성별이 물적 자본의 취득으로 이어졌다는 것을 의미한다. 결국 군사와 정치·경제의 밀접한 결탁을 통해 남성은 제도적으로 여성보다 더 나은 경제적 권리를 누릴 수 있었다.

이처럼 전후 분단체제하에서 남과 북의 젠더 구조는 서로 공명했다. 남한의 권위주의 정권과 북한의 1인 독재정권이 펼친 국가 주도의 가부장제는 제도적 디자인은 물론 현실에서 작동하는 방식까지 닮았다. 그리고 그 핵심에 있는 연결 고리는 바로 한국전쟁과 군사주의를 기반으로 한 '군대'였다.

** 한성훈, 『전쟁과 인민』, 돌베개, 2012, 73쪽.
*** 조영주, 「북한의 '인민만들기'와 젠더 정치: 배급과 '성분-당원' 제도를 중심으로」, 『한국여성학』 제29권 제2호, 2013, 120-124쪽.

분단국 여성성

탈북 여성, 한반도 가부장제의 횡단적 증인

이번엔 화제를 조금 바꿔서, 북한이탈주민에 대한 이야기를 해보자. 북한이탈주민은 남과 북을 모두 경험한 존재로, 두 사회를 넘나들면서 어느 곳에도 완벽하게 예속되지 않는 '경계인'이다.[*] 남쪽 또는 북쪽, 어느 한쪽에만 머무르면서 월경越境은 상상하는 것조차 금지되어 있는 우리에게, 이들이 걸어온 발자취를 통해 한반도 전체를 조망하는 일은 중요하다.

남한에 입국한 전체 북한이탈주민 중 여성은 약 72%의 높은 비율을 차지한다. 특히 최근 몇 년 간은 80%를 훨씬 웃돌았다.[**] 김성경은 이와 같은 성별 편중 현상을 '젠더화된 탈북'이라고 정의한다. 공적 영역(직장)은 남성이, 사적 영역(가정, 장마당)은 여성이 담당하는 것으로 분리된 북한의 젠더 구조 하에서, 여성은 역설적으로 더욱 이주(탈북)에 용이한 이동 조건을 갖게 되었다. 90년대 경제난 이후 북한의 기업소, 공장 등은 제대로 작동하지 않는 경우가 많았고, 유명무실해진 작

---

[*] 윤보영은 경계인 이론을 통해 남과 북 두 문화의 가장자리에 놓인 북한이탈주민의 위치성을 고찰했다. 윤보영, 「경계인 이론을 통한 남한 정착 북한이탈주민 이해에 관한 연구」, 『사회과학연구』 제22권 제3호, 2015.

[**] 통일부, 「북한이탈주민 입국 현황 통계」.

업반을 제일 먼저 이탈하게 된 사람들은 여성들이었다. 이들은 가족의 생계를 책임지기 위해 장마당에서 장사를 시작했다. 남편이 벌어오는 임금만으로는 먹고살 수 없었기 때문이다. 돈벌이가 되지 않음에도 불구하고 국가가 배치한 직장에 형식적으로라도 출근해야만 하는 남성들에 비해, 여성들은 각 지역과 국경을 오가면서 장사의 기반을 닦는 등 융통성을 발휘할 수 있었다. 즉, 북한 사회 내부의 공적 영역에서 남성에 비해 열등한 지위를 부여받았던 여성들이, 경제난 이후 오히려 자신의 지위를 역으로 이용해 국경 너머의 삶을 꿈꾸는 주체적인 행위자로 거듭난 것이다.***

그러나 새로운 삶의 길을 모색하고자 국경을 넘은 탈북 여성은 북중 접경 지역에서 다시 한 번 착취에 취약한 위치에 놓이게 된다. 접경지대에 살던 한족, 조선족 여성들이 더 나은 일자리를 찾아 내륙의 대도시로, 혹은 남한으로 떠나고 없는 상황에서, 현지 여성이 주로 담당하던 저임금 서비스 산업·성 산업의 공백을 탈북 여성들이 채우게 되는 것이다.****

*** Kim, Sung Kyung, "I am Well-cooked Food": Survival Strategies of North Korean Female Border-crossers and Possibilities for Empowerment,, *Inter-Asia Cultural Studies* 15(4), 2014.

**** 김성경은 "남한 여성들이 기피하는 '여성'의 직업을 조선족 여성이 채웠다면, 그 빈자리를 더 값싸고 어떤 부당한 대우도 감당할 수 있는 불법적 지위에 있는 여성, 즉 북한 여성들이 채우고 있는" 현실에 대해 지적한다. 또, 논문은 10만에서 30만까지로

중국 당국의 체포와 강제 북송의 위협 속에서 자신의 신분을 숨기고 숨죽인 채 살아가야 하는 탈북 여성들은 어떠한 법적 보호도 받을 수 없으며, 따라서 아무리 위험하고 부당한 일이라도 고스란히 감내해야만 하는 처지에 놓이기 때문이다. 이러한 상황에서 탈북 여성들은 중국 농촌 지역의 남성과 결혼함으로써 정착하기도 하는데, 그 과정에서 인신매매나 성폭력 등에 노출되는 사례도 많이 보고되고 있다.[*]

중국과 제3국을 거쳐 남한에 입국하게 되는 북한이탈주민 여성들도 또다시 새로운 가부장제의 틀에 봉착한다. 간단한 예로, 남한의 미디어가 이들을 재현하는 방식에 주목할 필요가 있다. 북한이탈주민 여성을 출연자로 등장시키는 TV 프로그램에서 이들은 종종 '탈북 미녀'라는 이름으로 지칭되고, 시청자들은 '예쁘고 순수한 북한 여성'으로 표상된 이들의 이미지를 소비한다.

또한 남한 내에 이른바 '남과 북 결혼정보회사'는 수백 개에 달하는데, 이들 회사의 광고에서는 탈북 여성들을 순종적이고

추정되는 중국 내 탈북자들 중에서도 과반수를 차지하는 북한 여성들이 남한으로 떠난 조선족 여성의 역할을 수행하고 있다고 분석한다. 김성경, 「'젠더'화된 '장소'로서의 북·중 경계지역: 북한이탈여성의 경험과 현상학적 인식」, 『한국사회학회 사회학대회 논문집』, 2012, 201쪽.

[*] 조정아, 『북한 주민의 의식과 정체성』, 통일연구원, 2010, 341쪽.

한 결혼정보업체의 광고***

전통적인 여성상을 동원해 묘사하는 경우가 많다.** 요즘도 심심치 않게 들을 수 있는 '남남북녀'라는 말에는 미지의 존재이자 적대적 대상이기도 한 북한을 여성화된 존재로 표현하려는 의도가 드러난다. 탈북 여성을 수동적인 존재로 재현하는 방식에는 남성인 주체(남한)가 이들 여성(북한)을 '정복'하고자 하는 전형적인 남성 중심적 은유가 담겨 있다. 이처럼 한반도의 민족 모순이 낳은 젠더 문제는 남한 사회가 북한이탈주민을 재현하는 방식에 응축되어 나타난다고 할 수 있다.

** 박순성 외, 「탈북여성의 탈북 및 정착과정에 있어서 인권침해 실태조사」, 국가인권위원회 북한 인권 실태조사 연구용역보고서, 2010, 119쪽.

*** 해당 광고는 탈북 여성을 성적 대상화한다는 비판이 쏟아지자 삭제되었다. 광고는 이 외에도 북한 여성과의 결혼은 "혼혈아 문제에서 자유롭다"는 다문화가정의 아이를 비하하는 뉘앙스의 표현을 사용하고, 북한 여성들은 효 사상을 중시하여 "시부모님을 모시려 하는 경우가 대부분"이며, "북한은 군 생활이 10년이 넘어 북한 여성에게 10살

북한이탈주민 여성은 한반도 가부장제의 횡단적 증인이다. 이들은 북한에서 북중 접경 지역을 거쳐, 또다시 남한의 가부장적 사회로 건너오며 끊임없이 생존을 모색한다. 이 과정에서 여성들은 자신의 젠더와 섹슈얼리티를 이용당하기도 하고, 때로는 이를 전복적으로 활용하기도 하면서 살아간다.* 이처럼 한반도의 가부장제, 더 넓게는 동아시아의 가부장제가 교차하는 지점에 탈북 여성들이 있다.

분단국 여성성이란

지금까지 한반도 분단이라는 구조와 여성의 젠더, 섹슈얼리티가 어떻게 연관되어 있는지 분석해보았다. 이제부터는 위의 논의를 기반으로, 분단국인 남한에서 여성으로 산다는 것이 어떠한 의미인지 간단히 정리해보고자 한다.

뒤의 추재훈의 글에서는 분단국 남성성이 여성의 도구화와 성 상품화를 기반으로 구성된다고 보고, 분단국인 한국에서는 평화나 안보 같은 민족의 거시적 과업을 위해 여성을 희생시키는 남성성의 정치가 나타난다고 분석한다. 이처럼 분단

차이는 일도 아니"라는 말 등 북한 여성에 대한 편견을 조성하는 여러 문제적인 내용을 담고 있다.

* 조영주, 「북한 여성의 실천과 젠더레짐의 동학」, 이화여자대학교 박사논문, 2012.

국에서 첫째, 여성들은 끊임없이 타자화·비체화되며 2등 시민으로 전락하게 된다. 여성은 남성과 동등한 인격체로 인정받기보다 '여성화된 존재'로 취급되거나, 성적 대상으로 물화物化되기 쉽다. 또한 분단이라는 중차대한 상황하에서 성차별, 젠더폭력과 같은 화두는 '사소한 것'으로 치부되며, 언제나 순위 밖의 문제로 밀려나게 된다. 따라서 여성들은 무언가 잘못되었다고 느낄 때, 심지어 그것이 자신들의 실존을 집어삼키는 사안이라 할지라도 차마 문제를 제기하기가 어려운 분위기가 조성되며, 어렵사리 말을 꺼내더라도 주변의 멸시와 조롱을 받게 된다.

둘째, 분단국 여성들은 이분법적 젠더 질서에 순응할 것을 요구받는다. 종전을 하지 않은 군사적 대치 상황에서 공동체의 구성원은 전쟁 준비를 위한 객체로 전락한다. 평화체제에 대한 약속과 보장이 없는 전후戰後는 또 다른 전쟁 준비를 위한 시간이기 때문이다.** 남성의 임무와 여성의 임무는 전쟁 준비기에도 전시와 다름없이 전통적 성 역할 관념에 따라 뚜렷하게 구분된다. 즉, 남성은 '보호하는 자', 여성은 '보호받는 자'가 되어 각자의 임무를 수행할 것이 요구된다.

** Enloe, Cynthia, *The Morning After: Sexual Politics at the End of the Cold War*, University of California Press, 1993, pp. 64.

셋째, 이성애 중심의 가부장적 질서에 극도로 취약해진다. 비정상적인 정치 상황에서는 정상성에 대한 이데올로기가 더욱 지배적인 위치를 점한다. 대표적인 예시로, 냉전하에서 미국과 러시아가 이성애적 남성성이라는 관념을 공유한 것을 들 수 있다. 헬렌 라빌Helen Laville은 1959년 닉슨과 흐루쇼프 간의 정상회담에서 '이성애적 남성성Heterosexual Masculinity'이라는 관념이 공유되었음을 분석했다. 여성 수행원에게 눈길을 던지는 닉슨을 보고 흐루쇼프는 "당신도 역시 여자를 쳐다보는군!You are for the girls too!"이라는 농담을 던졌다. 이외에도 그들은 만찬장에서 서로 양보할 수 없는 외교적 사안이 화제에 오를 때마다 여성을 대상화하는 건배사를 통해 분위기를 풀기도 했다. 일례로 흐루쇼프가 "싸우지 말고 마시자Let's drink to talking, not fighting"면서 "여자들을 위해 건배!Let's drink to the ladies!"라고 외치자, 닉슨이 "여자들을 위해 건배하는 건 우리 둘 다 가능하지!We can all drink to the ladies!"라고 받아친 일이 있다.* 또한 냉전 시기 미국에서 동성애는 미국의 안보와 국익을 해치는 것으로 취급되어 공산주의와 동일시되었고, 미 국회에서 동성애자를 색출하기

---

* Laville, Helen, Gender and Women's Rights in the Cold War, in Richard H. Immerman, and Petra Goedde(ed.), *the Oxford Handbook of the Cold War*, Oxford University Press, 2013, pp.423-439.

위한 마녀사냥이 벌어지기도 했다.**

　냉전은 한반도에서 분단이 지속되는 한, "한반도는 냉전이 가장 먼저 도착한 곳이자, 냉전이 결코 끝나지도, 떠나지도 않은 곳"***이라고 한 브루스 커밍스의 말처럼 결코 끝나지 않는 것이라고 볼 수 있다. 그리고 냉전, 분단과 같은 상황에서 정상적인 이성애를 추구하고, 정상적인 가정을 꾸리고, 정상적인 가족 구성원으로서 정상적인 삶을 지향하는 것은 체제 보전과 질서 유지를 위해 당연한 것으로 치부된다.

　분단국 여성성의 발현은 남북 간에 적대적 대치가 벌어지는 상황에만 국한되지는 않는다. 남북 대화가 가속화되는 화해 국면에도 여전히 분단체제는 건재하기 때문이다. 남북 정상이 모이는 자리에서 지도자인 남편을 곁에서 살뜰히 보좌하는 아내로서의 역할은 '정상적인 것' '바람직한 것'으로 추앙받는다.**** 남자들이 정치적 협상을 하는 동안, 영부인들은 영재 학교와 산모 병원을 시찰하고 문화 공연을 관람한다. 미디어는 전통적인 젠더 역할에 따라 임무를 수행해내는 '정

** Johnson, David K., *The Lavender Scare: The Cold War Persecution of Gays and Lesbians in the Federal Government*, University of Chicago Press, 2004.

*** Cummings, Bruce, *The Korean War: A History*, Modern Library: Reprint edition, 2011.

**** 여기에 대해서는 뒤의 영민의 글에서 상세하게 다루고 있다.

상적인 이성애 부부'의 모습을 시시각각 비춰준다. 아내를 두고 있으며, 영부인과 함께 정상회의 의전에 참석할 수 있는 지도자, 즉 젠더 규범을 수행하는 '정상적인 남자'라는 것을 증명할 때 비로소 정상적인 지도자로서 인정받는 것이다.* 이와 같은 상황은 모두 한반도에서 남성성과 여성성이 얼마나 정치화되어 있는지, 젠더가 분단국 정치문화에서 얼마나 핵심적인 위치를 차지하고 있는지를 잘 보여준다.

정리하자면, 군사적 대결 상태든 평화를 향해 나아가는 협상 단계든, 분단체제가 지속되는 한 가부장제에 대한 비판적 성찰은 답보 상태에 머무를 수밖에 없으며, 여성들의 삶은 계속해서 분단국 젠더정치 속에 휘말리게 된다는 것이다. 그간 통일 담론에서 여성의 목소리가 주변으로 밀려난 것도, 평화에 대한 여성주의적 논의가 널리 확산되지 못한 것도 모두 여기서 기인한다. 그러므로 한반도 내의 여성과 남성 그리고 젠더퀴어Genderqueer까지 모두 자신의 삶을 온전히 누릴 수 있으려면, 이분법적이고 폭력적인 젠더 이데올로기를 통해 우리를 겹겹이 억압하고 있는 분단구조에서 탈피해야만 한다.

---

* Draudt, Darcie, Modern Representation and the Ideal Woman in Kim Jong-Un's First Year, in Adam, Cathcart, Robert Winstanley-Chesters, and Christopher K. Green(eds.), *Change and Continuity in North Korean Politics*, Taylor & Francis, 2017.

페미니즘적 사유를 품은
통일 논의가 필요하다

2018년 초까지 '화염과 분노Fire and Fury' '핵 단추' 발언과 함께 일촉즉발의 상황에 처해 있던 한반도 정세는 평창 올림픽, 남북 정상회담, 북미 정상회담 등의 단계를 차례로 밟아가며 평화 국면으로 전환되고 있다. 일각에서는 핵 협상이 장기화될 가능성이 크다는 비관적인 전망도 나오고 있지만, 그간 완전히 상실했던 신뢰를 조금씩 쌓아나가는 과정 자체가 귀중한 만큼 평화의 구심력에 지속적으로 힘을 실어주어야 한다.

한반도에 다시금 따스한 봄볕 같은 변화가 찾아오고 있는 지금이야말로 젠더 감수성을 담은 통일 논의를 위한 적기라고 볼 수 있다. 통일이 반드시 평화를 보장하는 것은 아니다. 과거 독일이 통일되었을 때, 독일 여성들의 삶에 어두운 그늘이 드리워졌던 바 있다. 동독 출신 여성들은 통일 이후에 유례없는 실업난을 겪어야 했다. 이로 인해 생활 방식이 급변했고 인생 계획을 수정해야 했으며, 자존감이 하락하는 경험을 했다.** 남북한의 경제 격차는 과거 동서독처럼 몇 배 수준이

** 사빈 케르젤, 「독일 여성들이 잃어버린 것들」, 『르몽드 디플로마티크』 80호, 2015.04.30.

아니라 수십 배에 달할 뿐만 아니라, 사상과 문화의 차이 또한 깊어졌다. 분단 70년이 넘는 동안 축적된 젠더 모순은 통일 과정에서 더욱 첨예하게 드러날 것이다. 일방이 일방을 흡수하는 폭력적인 방식의 통일은 그 과정에서 나타나는 젠더폭력 또한 묵인할 가능성이 크다. 남북 여성 사이에도 적지 않은 격차와 균열이 생기면서 여성들 내부의 차이가 크게 부각될 것이다. 이것이 여성주의적 관점을 담은 통일 방식은 무엇인가, 한반도 통일 과정에서 여성들이 맞닥뜨려야 할 현실은 어떠할 것인가에 대해 미리 고민하지 않으면 안 되는 이유다.

급변하는 한반도 정세의 한가운데에서 수많은 젠더 주체들이 새로운 관계 방식으로 공존하기 위한 대책이 필요하다. 그러기 위해서는 장벽을 허무는 일부터 시작되어야 한다. 첫째는 분단과 젠더 담론 사이의 장벽이다. 통일을 국가주의 또는 민족주의적 발상이라며 배척하거나 무관심으로 일관해왔던 페미니스트들은 여성주의와 평화의 감수성을 담은 통일 논의를 더욱 적극적으로 이끌어나가는 주체가 되어야 한다. 또한 여성 문제를 사소한 것으로 치부했던 주류 정치학자들은 젠더 감수성을 반영한 통일 담론에 대해 더욱 활발히 논의해야 한다. 둘째는 남성(성)과 여성(성) 사이의 장벽이다. 남성은 전쟁을 준비하며, 여성은 (모성성을 기반으로) 평화를 사랑한다는 젠더 클리셰가 여전히 이 땅에 건재하다. 이러한 편견과 이분법들을 해체해나간다면, 남과 북 사이의 장벽을 허무는 날도 한결 가까워지지 않을까.

참고문헌

김성경, 「'젠더'화된 '장소'로서의 북·중 경계지역: 북한이탈여성의 경험과 현상학적 인식」, 『한국사회학회 사회학대회 논문집』, 2012.

리경혜, 『녀성문제 해결경험』, 평양: 사회과학출판사, 1990.

문승숙, 이현정 옮김, 『군사주의에 갇힌 근대』, 또하나의문화, 2007.

문승숙·마리아 혼, 이현숙 옮김, 『오버 데어』, 그린비, 2017.

박수지, 「'속옷 차림으로 '서방님'? 결혼정보업체 '탈북 여성 비하' 광고 물의」, 한겨레, 2014.08.26.

박순성, 「탈북여성의 탈북 및 정착과정에 있어서 인권침해 실태조사」, 국가인원위원회 북한 인권 실태조사 연구용역보고서, 2010.

박영자, 『북한 녀자』, 앨피, 2017.

박정애, 「남녀평등법령실시 3주년을 맞이하여」, 『조선녀성』 7월호, 평양: 조선녀성사, 1949.

북조선민주녀성동맹, 『조선 녀성』 1946년 7월호, 평양: 근로단체출판사, 1946

사빈 케르젤, 「독일 여성들이 잃어버린 것들」, 『르몽드 디플로마티크』 80호, 2015.04.30.

여성가족부, 「성매매 실태조사」, 2016.

우에노 지즈코, 나일등 옮김, 『여성 혐오를 혐오한다』, 은행나무, 2012.

윤미량, 『북한의 여성정책』, 한울, 1991.

윤보영, 「경계인 이론을 통한 남한 정착 북한이탈주민 이해에 관한 연구」, 『사회과학연구』 제22권 제3호, 2015.

이동선, 「20대 여성 2명 중 1명은 자신을 페미니스트라 생각」, 『KWDI Brief』 제49호, 한국여성정책연구원, 2018.

이태주, 「파월장병의 전쟁 담론과 군사문화의 일상화」, 『동아시아의 전쟁과 사회』, 한울, 2009.

정희진, 「군대 가는 남자, 보내는 남자」, 경향신문, 2018.12.18.

조선녀성사 편집부, 「남녀평등법령 실시 후 3년간: 부강조국건설의 제1렬에서」, 『조선녀성』 1949년 7월호, 평양:조선녀성사, 1949.

조선녀성사 편집부, 「사설: 민주개혁과 남녀평등권법령」, 『조선녀성』 1947년 7월
　　호, 평양:조선녀성사, 1947.

조영주, 「북한 여성의 실천과 젠더레짐의 동학」, 이화여자대학교 박사논문,
　　2012.

조영주, 「북한의 '인민만들기'와 젠더 정치: 배급과 '성분-당원' 제도를 중심으
　　로」, 『한국여성학』 제29권 제2호, 2013.

조정아, 『북한주민의 의식과 정체성』, 통일연구원, 2010.

주디스 버틀러, 조현준 옮김, 『젠더 트러블』, 문학동네, 2008.

천관율, 「이제 국가 앞에 당당히 선 '일베의 청년들'」, 『시사IN』 제367호, 2014.

치마만다 응고지 아디치에, 김명남 옮김, 『우리는 모두 페미니스트가 되어야 합
　　니다』, 창비, 2016.

캐서린 문, 이정주 옮김, 『동맹 속의 섹스』, 삼인, 2002.

한성훈, 『전쟁과 인민』, 돌베개, 2012.

Choi, Suji, Gender Politics in Early Cold War North Korea: National
　　Division, Conscription and Miltarized Motherhood from the Late
　　1940s to 1960s, *Journal of Peace and Unification* 8(2), 2018.

Cummings, Bruce, *The Korean War: A History*, Modern Library; Reprint
　　edition, 2011.

Draudt, Darcie, Modern Representation and the Ideal Woman in Kim
　　Jong-Un's First Year, In Adam, Cathcart, Robert Winstanley-
　　Chesters, and Christopher K. Green(eds.), *Change and Continuity
　　in North Korean Politics*, Taylor & Francis, 2017.

Enloe, Cynthia, *The Morning After: Sexual Politics at the End of the Cold
　　War*, University of California Press, 1993.

Laville, Helen, Gender and Women's Rights in the Cold War, In Richard
　　H. Immerman, and Petra Goedde(ed.), *the Oxford Handbook of the
　　Cold War*, Oxford University Press, 2013.

Johnson, David K., *The Lavender Scare: The Cold War Persecution
　　of Gays and Lesbians in the Federal Government*, University of
　　Chicago Press, 2004.

Kim, Sung Kyung, "I am Well-cooked Food": Survival Strategies of North Korean Female Border-crossers and Possibilities for Empowerment., *Inter-Asia Cultural Studies* 15(4), 2014.

통일부 통계 자료(북한이탈주민 입국 현황)

https://unikorea.go.kr/unikorea/business/statistics/

자기혐오와
여성혐오로 얼룩진
분단국 남성성
_추재훈

우리는 남성을 알아야 한다

페미니즘이 우리 사회를 강타했을 때부터 궁금했던 것은 남성의 정체였다. 『제2의 성』의 저자 시몬 드 보부아르Simone de Beauvoir는 남성은 여성에 의해 발명된 집단이라고 말했다. 한자의 子, 영어의 Man, 프랑스어의 Homme 등 남성을 의미하는 동시에 인간을 의미하는 단어에서 알 수 있듯, 여성이 등장하기 전까지 오랫동안 남성은 곧 인간으로 여겨졌다. 이런 상황 가운데 그동안 인간으로 대접받지 못했던 여성이 자신의 목소리를 내고 모습을 드러내자, 비로소 남성이라는 존재가 인식되기 시작했다는 의미다.

우리 사회엔 지금껏 파악되지 않았던 문제점들이 무수히 많았고, 지금도 많으며, 앞으로도 많을 것이다. 그중에서도 성性과 관련된 문제들을 찾아내고, 그 이유와 원인을 이해하고 싶었다. 이 사회를 다시 읽어내고 싶었다. 그러려면 내가 어떻게 살아왔으며, 어떻게 살고 있는지, 나는 어떤 위치에 선 누구인지 고민해야 했다.

고등학교 3학년 때 나는 고3에게 주어진 과업을 이해하지 못했다. 공교육 12년차 학생들을 뜻하는 '고3'이라는 말엔 왜 안타까움이 담기게 된 것이며, 왜 나는 고3이어야 하며, 대학은 왜 가야 하며, 왜 사람은 하고 싶은 일을 하지 못하는 것인가 따위를 생각하느라 정신이 없었다. 결과는 재수였다. 그러나 그때의 내가 철이 없었다고 생각하지는 않는다. 사람은 모름지기 자신이 누군지, 어떤 일을 왜 해야 하는지 납득할 수 있어야만 한다는 것을 그 시절에 깨달았다.

가령 우리는 정치를 공부할 때는 시민이고, 경제를 공부할 때는 경제적 주체이며, 어떤 집단에서 일을 할 때엔 그 집단의 소속원이 된다. 재수 시절 이후 지금까지 이처럼 다양한 위치에서 내게 주어지는 다양한 일들을 비교적 무리 없이 마주하고 해낼 수 있었던 것은, '이 일을 왜 해야 하는가'라는 의문에 스스로 답할 수 있었기 때문이다.(할 마음이 들지 않는 일은 극도로 싫어진다는 단점이 있긴 하지만.)

요컨대 정체正體와 당위는 마음속에 불가분의 짝으로 자리해야 한다. 내가 누구이며 왜 행동해야 하는지 알지 못하는 사람은 당면한 과제를 해결할 수 없다. 무슨 수를 써도 불가능하다. 만약 그게 가능한 사람이 있다면, 그는 사유하는 정신을 반쯤 포기한 실격한 인간일 것이다. 고3, 군인, 직장인 등이 신세를 한탄할 때, "인간이 아니라 기계부품이다" "가축이고 노예다"라고 표현하는 것이 바로 이런 까닭이다. 정체에 대한 자각과 목적에 대한 당위가 결여되어 있는데 수행해야 할 업무는 끊임없이 주어지니, 자신을 인간성이 소멸한 존재로 은유하는 것이다. 그 결과 고3은 성적 비관을 인생 비관과 동일시하고, 군인은 탈영을 하고, 직장인은 퇴사를 하며, '나는 무엇인가'류의 고민에서 헤어 나오지 못한다. 심각한 위기다.

이와 같은 정체와 당위의 당착을 해결하기 위해 수련회, MT, 단합회 등의 집단 행사가 기획된다. 구성원 개개인이 정체와 당위를 스스로 결합하지 못하니 조직이나 집단 등이 직접 행동에 나서는 것이다. "자랑스러운 조직원이니까" "친한 친구니까"와 같은 발화가 등장해 정체와 당위를 결합한다. 그리고 내 스스로 만들어냈든 타인이 심어주었든, 정체와 당위의 조화가 이루어질 때 사람은 제 힘으로 일을 해나가기 시작한다.

재수 이후로 나는 내 정체성에 대해 확신을 가지게 되었다. 자기 정체를 아는 사람은 불만을 품거나 스스로를 반성할 수 있다. 꿈을 이루기 위해 노력할 수도 있다. 내가 누구이며 어떻해야 하는가를 명확히 안다면 이상과 현실 사이의 간극을 메우려는 의욕을 불태울 수 있다. 반면 내가 누구이기에 이 일을 하는지에 대해 자신만의 답을 만들어놓지 않고 진행하는 일은 인생을 긍정적으로 변화시키는 일에서 가장 멀리 떨어져 있다. 무의미의 극치다. 유희조차 될 수 없다.

이것이 페미니즘을 접하며 내가 누군지, 남성은 무엇인지

규명하고 싶었던 까닭이다. 나는 남성으로 태어나서 남성으로 살아왔고 아마 앞으로도 남성으로 살아갈 것이다. 그런데도 남성과 남성의 생애, 남성의 위치 등에 대해 고민하지 않은 채로 성별과 성차에 대해 논한다면 그건 그럴싸한 자기 포장이거나 위선이다. 그럴 바엔 아예 생각을 하지 않는 편이 낫다. 내게는 그렇다.

남성이라는 자각

나는 왜 여성을 혐오했을까? 당초 나 스스로를 혐오하기 때문은 아닐까?

　페미니즘을 접한 순간 여성혐오, 가부장제, 남성성, 시스젠더Cisgender, 범성애자 등의 개념들이 물밀듯이 쏟아졌지만, 처음엔 나와 별 관계 없는 학술용어처럼 느껴졌다. 책을 통해 공부했기 때문일까 고민해보기도 했지만, 직접 사람들을 만나 이야기를 나누어봐도 크게 달라지지 않았다. 여성과 성소수자가 겪은 아픔에 대해 듣거나 읽으면 속이 상했지만, 이를 곧장 사회나 구조에 대한 문제의식으로 이어내지는 못했다. 그건 그저 개인의 아픔일 뿐이었다. 개인의 아픔이 여성이나 범성애자와 같은 개념들과 어떻게, 얼마나 연관되어 있는지, "여성이므로 아프다"라거나 "가부장제하에 있어서 괴롭다"는 말이 어떻게 가능한 것인지 이해하지 못했다.

애당초 내가 남성이라는 것에 대해 크게 신경 쓰지 않았고, 신경 쓰지 않아도 되었기 때문이다. 힘이 들 때도 그저 괴롭다고 한탄할 뿐, "남성이라서 죽을 만큼 괴롭다"고 생각해본 적은 없다. 물론 남자라서 힘들다는 한탄도 있긴 하지만, 이는 중요하고 필요한 일을 하느라 고단하다는 뿌듯함을 내포하고 있다. 한탄을 가장한 뽐내기라는 것이다. 내가 오늘에 이르러 "여성이라서 아프다" "남성이기 때문에 괴롭다" "성소수자라 힘겹다"와 같은 말이 충분히 가능한 동시에 필요하기도 하다는 것을 조금 더 이해하게 되었다면, 이는 내가 정체성의 영역에서 섹스와 젠더를 일치시킨 시스젠더가 되었기 때문이다. 즉, 내가 남성이라는 사실을 자각했기 때문이라는 것이다.

당초 나는 나와 내 주변 사람들을 단순히 '똑같은 인간'으로 인식했다. 딴에는 성별, 출신 지역, 관심사 등 겉으로 드러나는 요인들로 사람을 판단하지 않으려 했던 것이다. 사람을 바라보는 기준은 사회가 아니라 내가 직접 정하는 것이 바람직하다고 믿었다. 이런 사고방식은 의식적으로나마 사람을 편견 없이 있는 그대로 받아들이게 하는 장점이 있다. 따라서 "내 스스로 재생산하는 차별은 없었다"고 생각했다.

그러나 인간을 단순히 인간으로 인식하는 사고방식의 한계는 뚜렷하다. '인간'이라는 거대한 틀은 어떤 사람이 사회 속에서 어떤 굴레에 묶여 있는지 파악할 틈을 주지 않는다. 대기업 CEO나 임금 체불 노동자나 다 똑같은 인간이라고 칭하면 번지르르한 이야기를 할 수 있을지는 모르나, 사유는 빠르게 현실에서 멀어진다. 몇 년 전, 서는 곳이 달라지면 풍경도 달라진다는 웹툰의 대사가 유행했다. 그런데 내 사고방식은 나이와 직업 등에 따른 차이만 있을 뿐, 모든 인간은 결국 비슷한 위치에서 비슷한 풍경을 바라보게 된다는 식이었다. 그러나 사람들은 같은 풍경을 보면서도 저마다 다른 감상에 젖는다. 그런데 눈앞의 풍경도, 느끼는 감상도 각기 다른 사람들이 어떻게 같은 자리에 있다고 말할 수 있을까? 서로 다른 삶을 사는 사람들은 모두 서로 다른 곳에 서 있는 것이다.

그렇다면 그가 선 자리는 어떤 자리인가? 이를 알기 위해서는 내가 어떤 자리에 서 있는지부터 알아야 한다. 내가 선 자리가 어떻게 구성되었으며, 어떻게 유지되고 있는지 알아야 상대의 자리를 이해할 수 있고, 나아가 그 자리들이 어떻게 변해가야 할지도 궁리할 수 있다. 휴전국에서 태어났다는 사실을 인지하고 어떻게 살아야 할지 고민해보아야 한반도의 평화에 대해 생각해볼 수 있고, 도시에서 태어났다는 사실을 인식해야 도농격차에 대해 생각해볼 수 있듯, 성에 대해 고찰하기 위해서는 내가 남자로 태어났다는 사실을 자각해야 했다.

나는 처음에는 무조건 남성으로 살며 남성성을 체화해온 삶의 관성을 떨쳐야 한다고 생각했다. 남성성은 흔히 부정적인 것으로 묘사되기 때문이다. 남성으로서 자신을 객관화하기 위해서는 남성성으로 지적되는 자만과 폭력성, 까칠함, 지나친 승부욕, 지배욕과 권력욕 등을 제거해야 하며, 하다못해 그런 노력이라도 하며 '남성'과 거리를 두어야 한다고 생각했다. 그러나 이 판단은 금세 허물어졌다. 남성성은 그런 것이 아니었다.

남성성은 고정된 것이 아니다. 언제나 변화하며, 그 안에는 모순이 가득하고, 완벽하게 성취할 수도 없는 이상이다. 다만 남성성을 파악하고자 노력하는 과정에서 나를 돌아볼 수는 있다. 어쩌면 내가 한국에 태어난 남자라는 사실을 차근차근 돌아보고 짚어보는 일이 내가 실천할 수 있는 페미니즘의 하나가 아닐까.

이 글은 시각, 나의 세계관에 대한 것이다. 나의 남성 자각 과정, 남성으로 마주했던 사회의 단면들, 나를 지속적으로 남성으로 만들어온 구조와 체계, 그리고 이를 살펴왔던 과정에 대한 것이다.

남성이란 무엇인가

남성으로 자라나기

나는 초등학교 2학년 때 피아노 학원에 다녔다. 학원에 출석할 때마다 30분 정도 개인 연습을 해야 했는데, 하루는 연습실을 사용하는 문제로 한 살 어린 1학년 학생과 싸움이 붙었다. 연습실 창문으로 구경꾼들이 모여들었고, 도무지 결판이 날 기미가 보이지 않았다. 불현듯 이런 짓을 왜 해야 하는지 의문이 들었다. 걸리면 혼날 텐데, 혼나는 건 싫고, 싸우느라 연습을 못 하면 집에도 늦게 가게 될 테고… 이러지 말고 선생님에게 연습실을 따로 마련해달라고 요청하면 될 일이 아닌가? 나는 이렇게 싸워봤자 뭐 하냐며 싸움을 끝내자고 그를 설득했다.

처음엔 나의 제안을 거부하던 그는 잠시 고민하다가 결국 자신이 이긴 것으로 하고 싸움을 끝내자고 했다. 지칠 대로 지친 내가 수락하자마자, 그는 문을 열고 "내가 이겼다!"고 외쳤다. 고개를 먼저 숙였다는 이유로 나는 순식간에 패배자가 되었고, 한동안 학교에서 나를 이긴 '승리자의 무리'를 마주칠 때마다 좆밥 새끼라는 놀림을 받았다. 빙 둘러싸여 가벼운 수준의 린치(?)를 당하기도 했다. 학년이나 나이의 위계 따위는 힘의 위계 앞에서 쉽게 제압되고 만다는 것을 뼈저리게 느꼈다. 그날 이후로 나는 폭력을 피하기 위해서, 부끄러움을 피하기 위해서 집과 학교, 학원을 잇는 짧은 길을 두고 멀리 우회해서 다녀야 했다.

그 치욕이란! 그날 이후로 내 몸엔 패배자의 냄새가 배었다. 매사에 쭈뼛거리고 당당하지 못했으며, 조심성과 무서움이 많아졌다. 패배자의 냄새를 없애기 위해선 그 1학년 학생과 다시 싸워 이기거나, 다른 방법을 통해 힘이 세다는 것을 증명해야 했다. 그러지 못했다. 대신 어떻게 해서든 싸움을 피해야겠다고 마음먹었다. 그러나 이런 유약한 태도로는 남성 세계에서 언제나 패배자가 될 수밖에 없다. 사람들은 패배자의 냄새를 본능적으로 알아차린다. 결국 패배자의 냄새를 가진 자는 자기 멸시와 자기 위로를 반복하는 '찌질한 새끼'로 자라난다. 이렇듯 남학생의 학창 시절은 강자와 약자, 승자와 패자로 서열이 정해지고, 누군가는 지배하고 누군가는 지배받게 되는 세계였다. 힘에 의한 분화의 법칙은 그렇게 남자아이의 성장에 가장 중요한 12년을 지배한다.

힘은 남성성의 근원이다. 모든 남성은 1차적으로 힘을 기준으로 하는 서열 질서 안에서 자신의 자리를 잡는다. 이때 힘은 물리적 힘과 사회적 힘을 포괄하며, 모든 남학생은 끊임없는 힘 경쟁의 장에 진입하게 된다. 동네에서는 나이가 얼마나 많고 학년이 얼마나 높은지, 같은 학년 안에서는 얼마나 강하며 싸움을 잘하는지 등이 비교된다.(이는 복학생이 교실 안에서 권력의 균열과 서열 질서의 긴장을 불러오는 이유다.)

'잘'과 '못', 승자와 패자

학창 시절의 승패는 기본적으로 힘이라는 날것의 기준과 학년과 나이라는 사회적 위계로 정해진다. 졸업 후에도 군림하는 자와 찌질한 자의 구분은 존재하는데, 다만 나이가 들수록 승패를 나누는 기준이 다양해진다.

내가 근무한 군부대에서 부대원들은 농담 반 진담 반으로 서로를 A급, B급 혹은 폐급 등으로 평가하곤 했는데, A 상병은 A급 중에서도 A급 병사였다.* 한국 남성의 위계질서가 드러나는 대표적인 공간이 군대라면, A 상병은 그 정점에 있었다. 몸이 좋고 힘이 세며, 명석하고 전투 능력이 탁월했고, 군인 정신도 투철했다. 간부들도 진지한 얼굴로 '똥군기'가 아니라 진짜 군기가 필요하다고 말하는 A 상병을 함부로 대하지 못했다. 그야말로 하늘 같은 선임이었다. 속된 말로 개기는 일

---

* 이 글에서 소개되는 사례는 내가 보고 들은 경험을 조금씩 각색한 것이다.

다. 자연스러운 차이이거나 노력의 결과이거나, 불합리하거나 어이없거나 한 수많은 '잘'과 '못'이 한 사람 안에 공존한다. 스펙트럼은 방대하다. 힘이 센지 약한지, 친구가 많은지 적은지, 성적이 높은지 낮은지, 연애 경험이 많은지 적은지, 집이 잘 사는지 못 사는지, 현역인지 공익인지…… 어떤 분야에서든 '못'은 놀림과 비아냥거림의 대상이 된다. 옛날에도 마찬가지였을 것이다. 일제강점기에는 조선인이라는 출신이, 조선 시대에는 낮은 신분이나 과거 낙방이, 그 이전에는 권력 없음이나 유약함이 '못'이었을 것이다.

'잘'과 '못'을 구분하고 차별하는 일이 옳지 않다는 것을 머리로 이해하고 행동을 바로잡는 것은 쉽다. 표면적으로라도 문제가 되는 현상을 파악하고 분석해내면 세간의 비난은 피할 수 있다. 그러나 그 근본 원인이 무엇인지 나름의 답을 내리지 않으면 논의가 확장될 수는 없다. 납득할 만한 해결책도 나오지 않는다. 서로 결이 다르고 상충되는 해설이 등장하기도 한다.

그러므로 수많은 '잘'의 공통점을 탐구해보아야 한다. '잘'과 '못'을 나누는 다분히 작위적이고 불합리한 기준들은 왜 생겨난 걸까. 도대체 왜 어떤 가치들은 우등과 열등을 나누는 기준이 되었을까.

승자남성과 패자남성

"계급장 떼고 붙자"라는 말이 있다. 조직 생활을 하는 사람이 상대방에게, 주로 부하 직원이 상급자에게 화가 날 때 속으로 되뇌는 말이다. 법 제도나 윤리를 깡그리 무시하고 오직 힘으로만 승부를 본 뒤 서열을 재정리하자는 도발이다. "당신은 사회적 권력을 가지고 있을 뿐 실제로는 나를 이길 수 없다, 너는 사실 내 밑이다"라는 의미를 담은, 혁명의 쾌감을 주는 언사다.

물론 계급장 떼고 붙자는 말을 실제로 내뱉는 경우는 드물다. 그러나 만약 계급장 떼고 싸우는 일이 실제로 일어났고, 어느 한쪽이 졌다면, 그는 이후로 절대, 결코, 무슨 일이 있어도 고개를 당당하게 들고 다닐 수 없게 될 것이다. 공식적으로 패배자가 되었기 때문이다. 패배자가 상사라면, 그는 조롱의 대상이 되고 업무 지시는 영향력을 잃는다. 심지어 무슨 수를 써서든 패자의 지위에서 벗어나지 않는다면, 그는 사회에서 도태될 수도 있다.

그러나 힘 외에도 승자와 패자를 가르는 요소는 무수히 많다. 연애 상대로서의 매력, 똑똑한 정도, 말재간, 학술적 깊이, 목소리, 진중한 태도, 키, 성기 크기, 운동 능력 등… 가령 어떤 사람이 싸움에서 졌지만 엄청난 합의금을 받았다면, 맥락을 고려할 때 '진짜 이긴 사람'은 전자다. 이 외에도 이긴 사람은 직장이 없는데 진 사람은 연봉이 높을 때, 이긴 사람은 결혼을 못했는데 진 사람은 결혼을 했을 때, 이긴 사람은 실력이 달리는 축구 선수인데 진 사람은 MVP일 때, 이긴 사람은 쫓겨난 학자인데 진 사람은 저명한 교수일 때 등 단순히 힘만으로 승패가 결정되지 않는 경우는 무수히 많다.

이렇게 복잡한 승패의 분화는 모든 사람들에게 일어나며, 남성 사이에서도 마찬가지다. 모든 남성은 승자남성과 패자남성이라는 추상적 남성성 혹은 남성상※ 사이에 있고, 매 순간 상대적 승자와 상대적 패자로 분화하며, 한 명의 남성 속에는 수많은 승자남성과 수많은 패자남성이 공존한다. 이것이 혐오를 생산하는 주요 요인이다.

남성이 자신의 남성됨을 증명하는 다양한 수단은 그 중요도가 각기 다르다. 남성성에도 강약의 스펙트럼이 있다. 남성성 중에서도 특히 중요하게 취급되는 남성성이 있는 한편, 상대적으로 덜 패권적인 남성성도 있다. 가령 육체적인 힘이나 사회적 권력은 가장 강력한 남성성이다. 잘생긴 정도는 보다 덜 패권적인 남성성이고, 축구 실력은 그보다 더 약하다.

승자남성과 패자남성을 가르는 기준도 마찬가지다. 어떤 남성은 다른 남성을 압도하는 승자성의 집합체다. 도널드 트럼프는 미국의 백인 남성이자, 손에 꼽히는 재력가이고, 대통령에 당선됨으로써 정치적 권력까지 손에 넣었으며, 지지자도 많다. 정치·경제·사회적 권력이 승자남성을 구성하는 주요 요소가 되는 현대사회에서 일반적으로 볼 때 트럼프는 승자다. 그러나 다른 경우, 예컨대 논리력이나 진중한 태도를 승자남성의 기준으로 볼 경우 트럼프는 조롱받는 패자에 가깝다. 이렇듯 정치·경제·사회적 권력이 현대사회에서 승자와 패자를 가르는 가장 중요한 변수라고 해서 이를 지닌 소수의 남성만을 승자남성으로 칭하면, 대부분의 남성들 사이에서 일어나는 위계와 혐오의 동학이 드러나지 않는다. 가령 기준이 재벌일 때는 극소수의 남성만이 승자남성에 포함되지만, 군 복무일 때는 상당히 많은 남성을 포괄하게 된다. 그렇기 때문에 승자남성을 일부 권력층이나 상위 계층으로만 한정하면 남성 세계를 보다 다각적으로 다룰 수 없다.

래윈 코넬Raewyn Connell은 저서 『남성성/들』에서 남성(성)들이 서로 동맹을 맺거나 지배하거나 종속되는 관계를 인식하기 위해 남성성을 분류했다. 한 사회에서 가장 숭상되는 패권적 Hegemonic 남성성, 여기에 포함되지 못하는 종속적Subordinate 남성성, 패권적이지는 않지만 가부장적 배당금을 받아먹는 공모적Complicit 남성성이 그것이다. 여기까지가 특정 집단 내부의 남성성 구분이라면, 범위를 계급·인종으로 넓혔을 때 백인 남성에 대한 흑인 남성처럼 집단 내부에서는 남성 개인이 패권·종속·공모적 남성성을 획득할 수 있지만, 집단 간의 관계에서는 이것이 집단의 전체적인 이미지 제고로는 이어지지 못하는 주변화된Marginalized 남성성도 있다. 이를 참조하면, 승자남성은 패권적 남성, 패자남성은 종속적 남성과 비슷하다고 볼 수 있다.

다만 코넬도 책에서 지적했듯, 이는 고정적인 성격 유형이 아니라 시대·문화·관계 구조가 변함에 따라 다르게 발현되는 실천의 형태다. 정희진의 말대로, 남성성은 정체성이 아니라 포지션이기 때문에 직장에서는 종속적이거나 공모적인 남성이 가정에서는 패권적일 수도 있고, 그 반대인 남성도 있을 수 있다. 따라서 한 명의 남성을 가리켜 패권적 남성이라거나 종속적 남성이라고 단언할 수 없다.

코넬이 구분한 남성성은 남성 간의 관계와 위치를 나타낼 뿐 특정한 성질을 내포하지는 않는다. 앞서도 언급했듯 승자와 패자를 가르는 기준은 무수히 많으며, 환경에 따라 각 기준의 중요도도 수시로 달라진다. 따라서 특정한 무엇이 더 패권적 남성성에 가깝다고 말하기 어렵다. 즉, 코넬이 분류한 남성성들은 남성을 제대로 설명하지 못한다는 것이다. 남성성은 일종의 3차원 스펙트럼으로 수많은 승패의 기준이 나열된 x축, 각 기준이 패권적 남성성에 가까운 정도를 나타내는 y축, 기준 달성 정도를 나타내는 z축을 통해 표현하는 편이 보다 정확하다. 이를 수치로 환산하여 100에 승자남성을, 0에 패자남성을 두면, 모든 남성이 그 사이 어딘가에 위치하게 되어, 빈약하고 임의적이지만 지금까지의 남성·남성성 논의들이 노정한 불명확성을 해소할 수 있다.

승자남성은 이브 세지윅Eve Kosofsky Sedgwick이 『남성 사이에 Between Men』에서 이야기한 동성사회Homosocial와 비슷한 맥락으로도 이해할 수 있다. 동성사회는 로맨틱하거나 섹슈얼한 애정이 아니라 우정과 동료애 등으로 엮인 동성 간의 관계망이며, 주로 남성 집단을 의미한다. 동성사회는 사회의 주된 관계망이므로 모든 남성은 동성사회에 진입하고자 한다. 이것이 남성의 동성사회적 욕망Male Homosocial Desire이다.

그러나 대부분의 남성이 동성사회에 속하지 못한다. 간단히 말하자면 수많은 남성이 패자남성인 것이다. 이렇듯 동성사회는 필연적으로 일부 남성만을 포함할 수밖에 없는데, 사실상 남성 전체를 포함하고자 한다는 점에서 어색하다. 동성사회 개념은 이미 동성사회에 속한 남성들의 특징과 동성사회 밖에 있는 남성들의 동성사회에 대한 욕망·지향을 구분하

승자남성성으로 번역되고, 이내 보편적 남성성으로 자리잡았다. 그리고 모든 남성들이 이 남성성을 똑같이 요구받게 되었다. 그것이 남성의 본래 성질이 아닌데도 말이다. 이렇듯 남성성이라는 단어 자체는 남성의 성질이라는 뜻이지만, 승자남성성이 개입하는 순간 의미가 재구성된다. 본래의 의미는 소각되고, 남성은 자기에게 요구되는 남성성을 자기 본연의 성질로 내면화하기 위해 자신을 갉아먹기 시작한다. 그러나 여러 남성성 사이에는 수많은 모순이 있으므로 남성성을 완벽히 획득하는 것은 불가능하다. 따라서 남성성은 결코 성취될 수 없는 이상적인 무엇이다. 남성성은 하나의 이미지, 남성상일 뿐이다.

남성성이 남성상으로 변하는 과정을 추적해야 하는 것은, 이것이 여성성과는 다른 양상을 띠기 때문이다. 남성성은 남성의 본질적인 특징이 아니라 남성상이라는 점에서는 여성성과 궤가 같지만, 문제는 성성性性 규정의 시발점이다. 남성성은 시대의 상황에 따라 달라지는 승자성을 가장 먼저 흡수한다. 승자남성성이 등장함으로써 남성성이 규정되었으며, 여기에 속하지 못하는 것들, 멸시할 만한 것들은 여성성이라 이름하게 되었다. 이렇게 여성성은 남성성이 규정된 후에 그 의미가 강제되는 것이다. 역동적인 승자의 특성이 아니라 수동적인 패자의 특성이 집결되어 있으므로 남성성에 비해 그 변천도 크지 않았다. 이 과정이 혐오를 야기하는 방식은 뒤에서 논의할 것이다.

앞서 논의한 바를 통해서도 알 수 있듯이, 남성은 구분되는 것이 아니라 분포하는 것이다. 그리고 남성상의 분포는 선이 아니라 면의 형태를 가진다. 물론 어느 것을 얼마나 보유하는지의 정도는 다르지만, 모든 남성에게는 압도적 승자, 적당한 승자, 적당한 패자, 압도적 패자 등의 정체성들이 혼재되어 있다. 그리고 이들은 모두 끊임없이 승자를 꿈꾸며, 영원한 승자 지향성의 굴레에 사로잡힌다.

이상적인 남성상을 좇아 쟁취함으로써 승자가 되고자 하는 욕망, 남성성을 향한 욕망이 곧 승자 지향성이다. 승자 지향성은 지극히 개인적인 투쟁을 추동하는 기제다. 연대나 평화를 위한 노력을 무력화하며, 폭력과 야만에 눈감고 복종하게 한다. 승자남성의 세계는 패자남성을 배척하는 폭력으로 구성된다. 따라서 멸시와 폭력은 승자남성의 성질이다. 패자남성은 남성성을 되찾기 위해 승자남성의 룰을 따라야 하며, 이 과정에서 부도덕한 것들을 필요악으로 수용한다. 이 필요악은 수시로 '현실'이라는 멋진 언어로 포장된다.

승자이든 패자이든 결국 '남성'이 아닌가?

여전히 조심스러운 부분은 있다. 뒤에서는 모든 남성이 계급적으로 여성보다 우위에 있다고 전제하고, 승자남성과 패자남성의 분화가 여성혐오를 일으키는 국면을 관찰할 것이다. 물론 실제 세계에서는 당연히 그렇지 않다. 모든 여성이 남성이 되고자 하거나 남성의 사회적 권력을 쟁취하고자 하지는 않는다. 모든 남성이 여성보다 우등한 것도 아니고, 모든 남성이 여성에게 폭력을 행사하는 것도 아니다. 대형 호텔의 여성 사장은 비정규직으로 근근이 살아가는 남성보다 사회적으로 높은 위치에 있으며, 더 승자남성적이다.

그러나 이 글에서 논의할 '남성'은 개별 남성이 아니라 페미니즘에서 이야기하는 '계급으로서의 남성', 사회가 형성한 남성성 속의 남성이다. 여성 또한 마찬가지다. 모든 '남성'은 '여성'보다 우월하다고 여겨지는, 내지는 우월한 지위를 점하기 더 쉬운 사회적 권력관계가 이 글의 전제다.

식민지 조선의 일본인과 조선인의 관계를 떠올려보자. 일제 강점기에 조선에서 태어난 고바야시 마사루가 자전적 소설에서 묘사한 바에 따르면, 식민지 조선에서 일본인들은 다른 무

엇이기 이전에 일본인이자 주인님이었다.[*] 조선인은 피지배계
급이었다. 영화 「아가씨」(박찬욱, 모호필름·용필름, 2016)에서
조진웅이 연기한 코우즈키 노리아키는 조선인으로 태어났다.
그는 재산도, 사회적 권력도 많았기 때문에, 대부분의 일본인
보다 '더 남성적이었다.' 그런데도 그는 철저하게 일본인이 되
고자 했는데, 일본인이 조선인보다 계급적·총체적으로 우위
에 있다는 걸 알았고, 그 우위를 획득하고 싶었기 때문이다.
그러나 모든 조선인이 일본인이 되고자 했다거나 모든 일본인
이 조선인보다 우등했던 것은 아니다.

둘째로 '패자남성'이라는 개념이다. 모든 남성이 여성보다
계급적으로 우위에 있다고 전제한다면, 과연 남성에게 '패자'
라는 이름표를 붙일 수 있을까? 계급으로서의 남성은 남성
이 아닌 다른 모든 사람(넓은 범위에서 성소수자, 장애인, 개발
도상국 국민, 통칭하여 '여성')보다 우월한 지위를 점한다. 따라
서 패자남성은 남성 세계에서나 패자일 뿐이며, 남성이 아닌
사람과의 관계에서는 다시 승자가 된다.

정희진은 이러한 문제의식을 바탕으로 코넬의 남성성 분류
를 비판했다. 그에 따르면 종속적 남성성은 주변적 남성성으

---

[*] 고바야시 마사루, 이원희 옮김, 『쪽발이』, 소화, 2007.

로 수정되어야 한다. 계급으로서 남성이 여성을 억압한다는 것을 염두에 두면, 종속적 남성조차 여성이나 피지배계급에게는 패권적일 수 있기 때문이다.** 그러므로 이 지적을 받아들인다면 패자남성이라는 표현은 더욱 부적절해보인다.

정희진이 종속적 남성성이라는 표현을 바로잡은 것은 남성과 여성의 관계에 집중했기 때문이다. 이 경우 남성은 억압하는 계급으로 파악되면 충분하며, 남성성을 크게 다양화하지 않아도 된다. 남성이라는 범주를 패권적 남성성만으로 충분히 설명할 수 있게 되기 때문이다. 물론 남성 또한 가부장제나 남성성의 폭력의 피해자가 되기도 하지만 이들은 여성화된 남성이므로 남성으로 볼 수 없다. 따라서 종속적 남성성은 비현실적인 개념이라는 것이다.

그러나 남성 사이의 분화가 남성 우월주의의 고착, 여성혐오를 포함한 여러 가지 차별을 생산하는 모습을 관찰할 때, 남성과 여성의 구분만으로는 이를 적절히 설명할 수 없다. 따라서 이 글은 우선 남성 자체를 분석하고 이를 토대로 두 성의 관계를 고찰하고자 한다. 승자남성과 패자남성이라는 틀은 이 작업에 기여할 수 있다.

** 권김현영 외, 『한국 남성을 분석한다』, 교양인, 2017.

그렇다면 계급적 남성이 되는 것을 거부하고 자기 발로 동성사회에서 이탈한 사람도 패배자라고 할 수 있을까? 물론 자기 선택으로 동성사회에서 이탈한 자들까지 패자남성이라고 칭하는 것은 부적절하다. 패자남성이라는 단어는 이들을 지칭하는 것이 아니며, 이들은 승자남성의 리그에 소속되지 않는다는 점에서만 패자남성과 공통점을 가진다.

승자남성과 패자남성을 나누는 작업은 모든 남성이 자신에게 부여된 권력을 깨닫게 하는 하나의 방법일 수 있다. 이것이 승자남성(성)과 패자남성(성)을 나눈 핵심 이유다. 나아가 자신이 승자성과 패자성을 동시에 가졌음을 자각하는 게 중요하다. 이따금씩 승자에 가까운 사람은 자신이 가진 패자성을 돌이켜보고, 패자인 사람은 자신이 가진 승자성을 반추해 보아야 한다는 주장을 접하게 된다. 그래야 다각적이고 넓은 시각으로 타인에게 관용을 베풀거나 사회적 올바름을 추구할 수 있다고 믿기 때문이다. 더 엄밀하게 풀이하면, 이 주장은 승자성과 패자성을 동시에 갖추어야 한다는 의미다.

따라서 자신의 정체성을 승자와 패자 중 하나로만 정립하는 것은 위험하다. 그러면 승자 지향성에서 벗어나기 힘들다. 자신을 승자라고 생각하면 지위를 유지하는 데만 몰두하게 된다. 구태여 패자와 함께할 이유를 찾을 수 없다. 반면 자신을 패자라고 생각하면 패자의 지위에서 벗어나는 데에 치중하기 쉽다. 결국 승자와 패자 중 어느 쪽도 자신보다 더 비참한 삶을 사는 이에게 주목할 여유를 찾지 못한다.

특히 패자남성이 자신이 무엇을 가졌는지 반성하는 것은 더욱 어렵다. 사람은 자신이 가진 것보다 가지지 못한 것을 더 많이 생각하기 마련이다. 남성으로 살아오며 자신이 얻지 못한 것들, 요컨대 돈, 학벌, 권력, 애인 등만 생각하면서 고통과 절망, 인내의 시간들만 기억한다면, 결코 자신을 권력자로 인식할 수 없다. 이 대목에서 만약 "내가 옳다"고 자신하게 되면 문제는 더욱 심각해진다. 잘못된 것이 없다고 생각하기 때문이다.

얼마 전 인터넷에서 의미심장한 '짤'을 봤다. 한 어머니가 환경미화원을 보며 아들에게 말한다. "공부 안 하면 저런 사람처럼 된다." 그 옆에 있던 다른 어머니는 자기 아들에게 다르게 말한다. "공부 열심히 해서 저런 분도 도와주는 사람이 되어야 해." 2000년대 교과서에 실렸던 만화다.

전자의 어머니는 승자의 원형이다. 이해나 배려가 없다. 후자의 어머니는 그래도 타인을 돕는 이타적 정신을 가지고 있다. 교과서는 이런 종류의 이타심을 교육하려고 했던 것이나, 두 어머니 모두 결국 자신과 환경미화원을 구분하고 경시하고 있다. '저런 사람'과 '저런 분'은 공히 우월감 위에 자리하고 있다.

이 만화가 교과서에 실리던 당시에는 둘 다 틀렸다는 인식이 거의 없었다. 따라서 후자의 어머니처럼 생각하는 것이 옳다고 교육받은 사람들로서는 자신이 왜 틀렸는지 이해하기 어렵다. 자신은 전자의 어머니와 달리 이타적 행위는 옳다는 도덕적 근거도 갖추고 있기 때문에, 전자와 후자를 동시에 비판할 경우 이를 근거 없는 비난으로 받아들여 화를 낼 가능성이 높다.

고정관념처럼 굳어져버린 가치판단의 기준을 부드럽게 하기 위해서는 판단의 기준이 단일하지 않고 다양하다는 사실, 다양한 기준이 있는 만큼 승자와 패자도 다양하다는 사실, 나 또한 패자가 될 수도 있고 승자가 될 수도 있다는 사실을 자각해야 한다. 이타심이라는 기준이 타당한 만큼, 이제는 상호 존중이나 무귀무천無貴無賤이라는 기준도 타당하다는 것을 해득해야 한다.

노동운동을 하는 남성과 대화를 하던 중 젠더 문제는 노동진영을 분열시킬 뿐이라는 주장을 들은 적이 있다. 진짜 적은 남성이 아니라 자본가라는 것이다. 이처럼 어떤 남성은 남성이 여성혐오를 한다는 말에 동의하지 못한다. 혹여 동의한다

을 선점하는데, 승자남성의 탈취와 강간 문화는 성경에도 등장할 만큼 오랜 옛날부터 보편적인 것이었다.*

　인류학자 브라이언 하이든Brian Hyden에 따르면 지위, 권력을 둘러싼 경쟁 속에서 승자가 축적한 자원은 사치품으로 전환되며, 여기에 여성도 추가되었다.** 그 결과 패자남성의 여성은 전리품이 된다. 승자남성은 마음대로 여성을 탈취하며, 또 그래도 된다는 공감대가 형성된다. 많은 반론이 있긴 하지만, 나폴리언 섀그넌Napoleon Chagnon은 저서 『고결한 야만인』을 통해 애당초 전쟁은 여성을 더 많이 확보하기 위한 경쟁이었다는 주장을 펴기도 했다(섀그넌은 종족의 번식이 아니라 강간이 전쟁의 목적이었다고 설명해 비판을 받기도 한다). 여성의 소모품화에 이유가 있다면 이는 남성에게 힘이 있기 때문이 아니라, 남성이 승자와 패자로 갈리기 때문이다.

　전쟁이 없을 때도 이 질서는 유지된다. 여성은 전쟁의 결과에 따라 언제 전리품이 되어버릴지 모르는 예비 전리품으로

---

* 　모세는 이스라엘의 자손을 이끌고 원수 미디안족을 격퇴한 후 다음과 같이 말했다. "아이들 중에서 남자는 다 죽이고 남자와 동침하여 사내를 아는 여자도 다 죽이고 남자와 동침하지 아니하여 사내를 알지 못하는 여자들은 다 너희를 위하여 살려둘 것이니라."(민수기 31:17~18) 성 경험이 있는 미디안 여성은 전부 남성과 함께 죽었으며, 미디안 '처녀'들은 양·염소·의복·가죽과 같이 승자를 위한 전리품으로 다루어졌다.

** 　Hayden, B., Competition, labor, and complex hunter-gatherers, in E. S. Burch and L. S. Ellanna(eds), *Key Issues in Hunter-Gatherer Research*, Berg, 1994, pp.223-242.

전락한다. 남성이 얼마나 많은 여성을 소유하고 있는가는 그 남성이 과거에 얼마나 많은 전장에서 승리했는지를 증명하는 수단과 같다. 아자 가트Azar Gat는 『문명과 전쟁』에서 거의 모든 문명에 일부다처제가 있었으며, 여러 명의 아내와 결혼할 수 있었던 것은 힘과 권력을 지닌 이른바 '빅맨'들이었다고 설명한다. 오늘날 '얼마나 많은 여성을 소유하는가'를 현대적으로 해석하면 '얼마나 예쁜 여성을 소유하는가'가 될 것이다.

이 지점에서 새로운 남성성의 척도가 구체화된다. 성기다. 남성성이나 남성성의 척도 중에 현실에 기반을 두지 않고 전적으로 새롭게 창조된 것은 없다. 반드시 어딘가에는 현실적인 근원이 있다. 성기라는 척도도 마찬가지다. 성기 크기가 지나치게 작은 남자로 인해 골머리를 앓는 이성애 커플이 실제로 있다는 것이 두려움의 근원이다. 그런 남자가 얼마나 많으냐가 중요한 게 아니다. 여성을 소유하는 것을 중시하는 동성사회에서, 자기 여자에게 만족감을 주지 못하는 남자는 곧 전리품인 여성에게 거부당할 수 있는 자, 승자성이 위태로운 자, 불쌍한 자로 전락한다. 여기서 유발된 성기에 대한 두려움이 은연중에 모든 남성에게 퍼지며, 성기가 곧 남성성의 척도로 자리잡게 된 것이다. "내 성기는 크다, 너희들은 어떠냐"라고 뽐내는 남성이 있는 것도 마찬가지다. 성기 크기를 자랑스러워하는 남성이 있는 것은 성기 크기가 작은 불쌍한 남성이 있기 때문이다.

남성이 정력에 목을 매는 이유도 이와 같다. 물화된 여성상을 내면화한 남성은 자기 소유의 여성이 자신의 정력에 만족하면 다른 남성과 섹스하지 않으리라고 믿는다. 또한 정력은 더 많은 여성과 섹스할 수 있게 함으로써 보다 큰 승자성을 확보해줄 무기이기도 하다. 성기의 크기와 정력의 중요성이 과대평가되는 것이다. 남성들은 자신들이 단순히 섹스를 좋아하는 것뿐 아니라 여성을 지배한다는 권력욕까지 함께 지향하고 있는 것이라는 사실을 알지 못한다. 승자남성과 패자남성의 동학에 젖어 있는 것이다. 그리고 여기서 성기와 정력은 여성을 휘어잡을 수 있는 중요한 도구이자 승자성의 크기를 은유하는 상징으로 '믿어진다.' 나아가 동성사회에 입장할 수 있음을 증명하는 자격증인 동시에, 동성사회의 결속력을 강화하는 장치가 된다.

여성을 대상화하는 능력이 남성성을 증명하는 방법이 되기도 한다. 여성에게 성적으로 끌려하지 않거나 여자 아이돌을 보고 흥분하지 않으면 게이라고 의심을 받는다.* 여기서 게이

---

* 직썰, 「남자가 본 일베 '여친 인증 사건'의 진짜 문제」, 2018.12.05.

는 남성성을 갖추지 못한 자, 남성이 아닌 자, 함께 어울릴 수 없는 자다. '정상적이지 않은 사람'으로 취급되는 것이다. 18살이 될 때까지 여자 친구가 없던 남학생이 "그렇게 게이가 되는 거야"라는 농담을 듣는 영화 「섹스 드라이브 Sex Drive」(Sean Anders, Bob Levy, 2008)의 한 장면을 보면, 이 현상은 비단 우리나라만의 일이 아니라는 것을 알 수 있다. 영화는 성 경험이 없는 것이 콤플렉스인 남성이 형의 스포츠카를 빌려 타고 능력 있는 남자 행세를 하며 섹스를 하러 떠나는 내용을 담고 있는데, 승자남성이란 곧 여성과 섹스를 할 수 있는 남성이라는 인식을 정확히 드러낸다.

어떤 측면에서 이는 동성사회 안의 덜 패권적인 남성들 사이에서만 관측되는 현상이다. 승자남성 중에는 성적 지향으로 사람을 차별하거나 여성을 대상화하는 것이 유치하다고 말하는 사람도 있다. 이들은 이미 압도적인 남성성을 갖추고 있기 때문이다. 사회적으로 인정받는 남성은 성적 지향에 관계없이 다른 남성을 무시할 수 있는 권력을 가지고 있다. 그러나 이성애자가 아닌 남성은 더 높은 수준의 동성사회 진입장벽을 마주하게 된다. 남들보다 더 높은 기준을 충족해야만 정상적인 인간으로 취급받을 수 있다.

"전생에 나라를 구했다"라는 말이 있다. 얼핏 봤을 때 별

볼 일 없어 보이는 남자가 외모가 예쁜 여자와 사귀거나 결혼할 때 듣게 되는 농담이다. 이 말 속에는 외모가 예쁜 여성과의 교제는 일종의 보상이라는 전제가 담겨 있으며, 이는 곧 예쁜 여성 자체가 보상이라는 말과 하등 다르지 않다. 예쁜 여성이라는 보상은 승자남성에게 주어져야 한다는 사고가 사회 저변에 깔려 있기 때문에 가능한 발화다. 이런 사고방식에 따르면 승자남성이 예쁜 여성과 교제하는 것은 자명한 이치로 이론의 여지가 없지만, 별 매력도 없고 승자남성의 특징을 갖추지도 못한 것 같은 사람이 예쁜 여성과 교제하는 것은 법칙 위반인 동시에 부러움의 대상이다. 그래서 그 남성은 농담으로라도 전생에 나라를 구했다는 강력한 승자성을 부여받게 되는 것이다.

전생에 나라를 구했다는 말이 더욱 특이한 것은 '승자남성이기 때문에 예쁜 여자를 만난다'는 명제뿐만 아니라, 그 역인 '예쁜 여자를 만나기 때문에 승자남성이다'까지 참으로 만들어버린다는 점이다. 이 속에서 '서로 사랑해서' 따위의 이유는 터무니없는 것으로 취급되고, 예쁜 여성과 연애나 결혼을 하는 것이 곧 승자남성이 받는 보상이라는 사고방식은 굳어진다.

정리하면, 예쁜 여성은 승자남성의 보상인 동시에 승자남성이 되는 조건이기도 하다. 즉, 어떤 남성은 예쁜 여성을 '소유함으로써' 승자가 된다. 여성이 승자남성의 목적으로서 대상화되는 것을 넘어, 승자남성이 되기 위한 도구가 되어버린 것이다. 여성이 소모품으로 전락하고, 이것이 다시 남성 승패 여부를 결정짓는 요소가 되며 여성이 더 강력하게 도구화되는 악순환의 고리다.

이런 방식의 여성혐오가 심화된 것이 여성 신체의 공공연한 이용 혹은 제공이다. 여성의 신체는 남성이 여성을 소유한 승자남성이라는 우월감을 느끼며 자신감을 제고할 수 있도록 일종의 하사품처럼 제공된다. 헐벗은 여체가 군인이나 남성의 사기를 올려준다는 말은 여성을 소모품으로 여기기 때문에 가능한 발화다. 무방비로 노출되어 남성이 원하는 대로 전시되는 여성의 신체는 승자남성만이 가질 수 있는 보상으로서 군인이나 남성을 자극한다.

몇 해 전 HID, 일명 돼지부대가 이슈가 된 적이 있다.* HID는 실전에 투입하기 위한 비밀 특수부대로 극악한 훈련으로 유명하다. 2013년 SBS 「그것이 알고 싶다」는 고된 훈련을 하는 HID 부대원들이 군으로부터 정기적·조직적으로 성매매

---

* HID는 Headquarters of Intelligence Detachment(특수정보부사관)의 약자다. SBS, 2013.03.23.

여성을 제공받았다는 사실을 밝혀냈다. 이들을 승자남성의 지위에 올려줌으로써 사기를 진작하기 위해 섹스를 제공한 것이다.

패자남성이 승자남성에게 자발적으로 여성을 헌납하는 경우도 있다. 사업을 하는 사람들끼리 '접대' '2차'로 표현하는 성 상납이 대표적이다. 여성의 물화를 지극히 당연한 것으로 받아들이는 승자남성에게 그에 걸맞는 대우를 제공함으로써 그가 승자남성이라는 우월감을 한껏 고무시키고, 호감을 사고자 하는 전략이다. 물론 권력을 쥔 승자남성은 성 접대를 받아들여도 되고, 받아들이지 않아도 무관하다.

성녀와 창녀의 이분법

남성에 의한 여성의 도구화는 여성에게도 부정적인 영향을 끼친다. 대표적인 것이 성녀와 창녀라는 이분법적 여성 구분이다. 남성은 가족·친지·지인 등 내집단의 여성과 승자남성의 자존심을 위해, 혹은 자신의 성욕을 풀기 위해 물화된 외부의 여성을 구분한다. 전자는 성녀, 후자는 창녀로 호명되며, 여성은 창녀가 아님을 증명하기 위해 정조를 지킬 것을 강요받는다. 이 이분법의 가장 큰 문제는 남성은 제멋대로 섹스를 하면서 여성에게는 이런저런 잣대를 들이대며, 이들의 섹스를 자의적으로 허용하거나 금지하는 이중성이다.

성녀와 창녀의 이분법을 면밀히 들여다보면 승자남성과 패자남성의 동학이 작동하는 지점을 발견할 수 있다. 남성이 자기가 소유한 여성에게 성녀 프레임을 씌우고 정조를 강요하는 것은 단순히 다른 남성과의 섹스·번식을 방지하기 위함만은 아니다. 만약 자기가 소유한 여성이 다른 남성과 섹스를 한다면 이는 내 여자를 빼앗기는 일, 곧 패자남성으로 전락하는 것이기 때문이다. 따라서 패자남성이 자기 여자와 외도를 한 남성에게 분노하여 싸움을 거는 것은 힘을 통해 서열을 재정리함으로써 자신이 패자남성이 아님을 증명하기 위함이다. 만약 다른 남성과 섹스를 한 여성을 쫓아낸다면, 이는 자신이 패자남성이라는 증거를 지우기 위함이다. 패자남성의 치졸함이다. 결국 이 여성은 본래의 남편에게도, 섹스를 한 남성에게도 성녀가 되지 못하는 상황에 빠져버린다. 여성이 성욕을 자유롭게 표출하는 것은 금지되어 있고, 남성은 여성을 승자남성과 패자남성을 가르는 게임의 도구로 이용한다. 부조리한 구조다.

이런 상황에서 어떤 남성이 다른 남성을 모욕하는 가장 효율적인 방법은 그 남성과 함께하는 여성을 창녀라고 모욕하는 일이다. '씨발' 'mother fucker' '肏你妈(fuck your mother)'

등의 말은 상대 남성을 패자남성으로 만든다. 어떤 여성을 창녀로 취급하면 해당 여성은 물론 그 여성과 함께하는 남성까지 멸시의 대상이 된다. 남성은 여성을 창녀로 여김으로써 그 여성의 남편, 남성인 가족 구성원의 사회적 권위를 짓밟을 수 있다고 믿는다. 루마니아의 니콜라에 차우셰스쿠 독재 정권이 무너졌을 때 성난 군중은 그의 아내 엘레나의 속옷을 벗겨 조롱했다. 일본군 '위안부' 피해는 여성의 피해를 넘어 민족의 피해, 우리의 피해로 확장된다. 결과적으로 남성은 자기 여성을 '지키는' 일에 더욱 집착하며, 편집증적으로 정조를 요구하게 된다.

그러나 성녀와 창녀의 이분법이 권력 질서를 강제하는 기성 승자남성들의 통치 전략인 것만은 아니다. 포르노그래피를 연구한 린 헌트에 따르면, 포르노는 혁명 세력이 앙시앵레짐Ancien régime을 파괴하는 무기였다. 프랑스혁명 당시 부르주아지Bourgeoisie와 시민혁명군은 루이 16세보다 마리 앙투아네트를 더 극심하게 비하했다. 이들은 앙투아네트의 성적 문란함을 선전하는 팸플릿을 제작하고 배포했다. 왕비는 성녀에서 창녀로 추락했고, 그의 신체는 누구나 취할 수 있는 것으로 묘사됐다. 군주와 귀족이 전유하던 국가권력, 즉 기존 승자남성의 권위는 무너졌다. 혁명군은 포르노를 통해 근대 민주주의를 확산했다(이것을 민주주의라고 부를 수 있다면).* 포르노는 승자 지향성을 가진 모든 남성이 적을 제거하기 위해 동원한 칼이었다. 섹스와 성적 대상화는 언제나 권력과 정치의 문제였다.

승자남성과 패자남성의 동학이 여성에게 폭력을 가하는 구조는 여성으로 하여금 성녀가 되도록 압박한다. 패자남성과 함께하는 여성은 창녀가 될 위험에 항시적으로 노출되어 있다. 결국 남성이 패자남성으로 전락하지 않고 승자남성이 되기 위해 노력하듯, 여성은 창녀가 되지 않고 성녀라는 틀 속에서 자기 삶의 질을 높일 수 있도록 노력한다.

이는 여자는 능력 있는 남자에게 끌린다는 '신데렐라 콤플렉스'의 근원에도 여성혐오가 있다고 말할 수 있는 이유다. 여성의 삶의 질이 함께하는 남성에 의해 결정된다면, 여성이 능력 있는 남자를 선호하는 것은 단순히 생활의 안락함이나 부귀영화를 위한 처세술이기 전에 생존 전략이 된다. 따라서 어느 사회에서 많은 여성들이 자신의 능력을 개발하기보다 더 유능한 승자남성과 함께하는 데에 힘을 쏟는다면, 이는 여성들이 아니라 사회구조가 잘못된 것이다.

---

* 조안 드잔 외, 린 헌트 엮음, 조한욱 옮김, 『포르노그래피의 발명』, 책세상, 1996.

그러나 이를 개인의 문제로 치부하는 신데렐라 콤플렉스는 구조의 문제를 무시한다. 여성을 자기 능력을 쌓을 생각은 없이 능력 있는 남자나 쫓아다니는 존재로 기정사실화하고, 이를 개별 여성에게 무분별하게 대입한다. 무례한 일이다. 누구나 그렇듯, 이들은 생존과 안녕을 위해 더 효율적인 선택을 할 따름이다. 따라서 현실의 모순을 지적하지 않은 채 이러한 현상을 그저 여성 특유의 부정적인 특성이라는 식으로 말하는 것은 옳지 않다.

승자만의 성

성 산업은 여성혐오의 대표적인 사례다. 성매매는 성욕 해소를 위해 존재하는 것이라는 주장은 현상을 왜곡한다. 정말 성매매가 그렇게 자연스러운 것이라면 왜 창녀라는 단어에 모욕적 의미가 담기게 되었겠는가? 매춘할 권리를 보장받고자 하는 성판매(성노동) 여성이 가장 먼저 보장받아야 하는 것은 모욕되지 않을, 존엄에 대한 권리이다. 몸을 파는 행위를 격하하면서 몸을 사는 행위는 격상하는 모순은 섹스를 구입하는 자와 판매하는 자의 권력 차이에 기인한다. 따라서 성매매는 권력의 문제다. 영화 「미스 슬로운Miss Sloane」(John Madden, Kris Thykier, 2016)에서 여성 주인공은 남성과의 섹스를 구입하는데, 이는 그가 계급적으로 '남성'의 위치에 있다는 것을 보여주는 장치다.

국가가 성매매를 합법화하면 되지 않느냐는 주장도 있다. 하지만 국가가 여성 신체의 상품화를 허용하고 관리하는 공적 매춘은 결국 패자가 된 남성, 즉 본인이 원할 때 섹스를 하지 못하는 남성을 국가라는 승자가 공식적으로 보살펴주는 양상을 띨 수밖에 없다. 여성을 도구로 사용해서 패자남성의 자존심을 회복시켜주는 것이다.

이런 식의 여성혐오가 극단화된 것이 일본군 '위안부'다. 2013년 일본의 극우인사 하시모토 도루는 "총탄이 오가는 상황에서 정신적으로 신경이 곤두서 있는 강자 집단에 위안부 제도가 필요하다는 것은 누구라도 알 수 있는 일"이라고 말했다. 승자성과 성범죄가 연관되어 있다는 사실을 확실하게 인정한 셈이다. 위안부는 국가적으로 중요한 임무를 수행하는 남성 군인들의 사기를 북돋기 위한 도구로 이용된 사람들이다. 위안부는 성욕 해소를 위한 섹스 대상이 아니라 승자성을 보장하는 강간의 피해자다.

앞서 연애를 잘 못하는 A 상병이 성구매를 권유받은 적이 있다고 했는데, 이 또한 남성이 승자남성성 획득을 중시하며 여성을 소모품으로 여기기 때문이다. 연애를 잘 못하는 것과

성 경험이 없는 것은 전혀 다른 문제다. 연애를 못해도 섹스를 할 수 있고(강간은 섹스가 아니다), 연애를 해도 섹스를 하지 않을 수도 있다. 하지만 섹스가 남성이 여성을 소유하는 일종의 방식이며, 연애도 섹스도 승자남성의 전유물이라는 사고방식하에서 연애 경험과 섹스 경험은 동질화된다. 그렇기 때문에 연인이 없는 남자에게 성구매를 권할 수 있는 것이다. A 상병이 성구매를 권유받은 것은 잠시나마 여성을 소유한 승자남성이 되라는 의미를 담고 있다. 성 산업은 승자남성들에게 우월감을 제공하는 동시에 섹스를 하지 못하는 패자남성들을 위로하는 사회적 방편이다.

어떤 남성은 성판매 여성을 향해 즐기면서 돈을 번다는 비난을 쏟아낸다. 궤변이다. 이들이 못된 사람인 것은 아니다. 그저 타인과 세상을 논리적으로 이해하는 능력이 부족한 사람일 뿐이다. 한국에서 창녀라는 모욕이 여성에게 얼마나 심각한 타격을 주는데, 그런 터무니없는 이유로 자원했겠는가? 기본적으로 성판매 여성은 성행위를 좋아해서가 아니라, 열악한 환경 때문에 성 산업에 유입되는 경우가 많다. 「2016년 성매매 실태조사」에 따르면 성매매 피해자 10명 중 9명이 경제적 어려움 때문에, 2013년의 조사에 따르면 78%가 가족 해체, 가난, 가정 내 학대 때문에 성 산업에 유입된 것으로 나타났다. 모욕과 멸시를 감수할 수밖에 없는 절망적인 상황을 고려하지 않고 성판매 여성만 비난하는 것은 합리적인 사고를 못한다는 뜻이다.

백번 양보해 일부 성판매 여성이 섹스와 돈을 좋아한다고 해도, 이들이 성구매를 하러 온 패자남성과 '즐기고' 싶어 한다는 것은 어불성설이다. 남성이 낄낄거리며 섹스하고 싶지 않은 여자를 판단하는 것처럼, 섹스를 좋아하는 여성에게도 섹스하고 싶지 않은 남자가 있기 마련이다. 즐기기는커녕, 하루에도 몇 번이나 의무적으로 성관계를 가져야 한다는 것은 성판매 여성들에게 '지옥' 같은 고통이다.*

다시 본래의 논의로 돌아오면, 성욕 해소를 위해 성 산업이 발달했다는 주장은 재고되어야 한다. 성범죄를 저지른 범죄자가 성욕을 주체할 수 없어서 범행을 저질렀다고 말하는 경우가 있다. 이것이 미흡한 변명인 이유는, 성욕을 해소하는 가장 효율적인 방법은 성범죄가 아니라 자위이기 때문이다. 섹스는 단순히 성욕 해소만을 위한 행위가 아니라, 번식을 위한 행위인 동시에, 사랑하는 사람과 교감하는 방법이고, 관계에서 오는 안정감을 느끼기 위한 방편이기도 하다. 따라서 권력

---

* 김기태, 「성매매 여성이 밝힌 '지옥에서 보낸 14년'」, 한겨레, 2011.12.10.

을 이용하거나 강제력을 동원한 섹스는 섹스가 아니라 범죄다. "성적 요구를 해소하기 위해 강간을 했습니다"라는 말은 "심심해서 살인을 했습니다"라는 말만큼이나 터무니없다.

따라서 남성이 자위를 할 수 있는데도, 혹은 상대방이 동의를 하지 않는데도 섹스를 하려 하는 것, 상황이 여의치 않으면 성구매라도 하려고 하는 것은 앞서 말했듯 섹스가 단순히 성욕을 해소 해줄 뿐만 아니라 승자남성의 우월감을 주기 때문이다. 섹스는 승자의 전유물이며, 성욕을 해소할 수 있는 방법이 자위밖에 없는 남성은 패자라고 여겨진다. 그러므로 남성이 원하는 것은 섹스 자체라기보다는 승자남성의 우월감이다. 남성은 동성사회에서 못생겼다고 폄하되는 여성과 섹스하고 싶어 하지 않고, 혼자 자위나 하고 싶어 하지 않는다. 성구매와 강간은 성욕에 승자남성이 되고자 하는 권력욕이 결합한 것이다. 이것이 '강간 문화'다.

성구매 남성을 연구한 김태완에 따르면, 성구매 동기 중 성적 욕구 해소는 16.7%에 불과했다.** 성구매의 동기 중 가장 높은 비율을 차지한 것은 "술자리에서 어울리다"가 29.1%로 1위,

---

** 김태완, 「성구매 경험 남성의 성매매 태도에 영향을 미치는 요인에 관한 연구: 성구매자 재범방지교육 프로그램(존스쿨) 수강자를 대상으로」, 『교정복지연구』 33호, 2014, 117-143쪽.

"업무상 접대나 회식"이 23.1%로 2위였다. 앞서 언급한 성적 욕구 해소와, 스트레스 해소(11.6%), 주위의 권유, 압력(11.2%), 호기심(8.4%)이 그 뒤를 이었다. 남성들은 동성사회에서 승자 남성성을 공유하며 어울린다. 주위의 권유나 압력 또한 동성 사회 안에서 일어난다는 점, 성구매 경험이 전혀 없는 남성이 호기심만을 이유로 혼자 성구매를 시도하기는 힘들다는 점도 고려되어야 할 것이다.

종종 장애로 인해 스스로 성욕을 해소할 수 없는 경우가 문제시되기도 한다. 일부 지적 장애인은 성욕을 통제할 수 없어 이를 폭력적인 방식으로 표출하기도 한다. 이들의 성욕 해소를 도와주기 위해 결성된 플렉 조그Fleks Zorg(네덜란드), 핸드 엔젤스Hand Angels(영국), 화이트 핸즈White Hands(일본)와 같은 민간단체가 있는데, 이를 유사 성행위로서 여성혐오의 일환으로 봐야 하는지에 대해서는 쟁론이 거세며, 해결책을 제시하기가 쉽지 않다. 장애로 어려움을 겪는 사람들이 다른 사람에게 성적인 피해를 입히지 않도록 꾸준히 성교육을 하는 것을 전제로, 장애가 있다는 점을 최우선으로 고려해야 할지, 성매매가 가지고 있는 구조적 문제를 우선해야 할지, 즉 이들이 우리 사회에서 어떤 존재이며 어떤 기준을 바탕으로 바라보아야 하는지부터 논의될 필요가 있을 것이다.

추방당하는 패자남성

이제까지 남성이 승자와 패자로 분화하며 승자를 중심으로 여성혐오가 가속화되었다는 것을 살펴보았다. 이번에는 패자남성에게 눈을 돌려보자. 남성이 승자성을 드러내는 중요한 수단은 그가 '소유한' 여성이다. 여성을 소유한다는 것은 여성(정확히 말해 물화된 여성의 신체)을 좋아한다는 것, 여성과 섹스를 할 수 있다는 것, 나아가 (소유할 만한) 여성과의 섹스를 좋아한다는 것을 의미한다. 여성을 소유할 마음이 없는 남성은 승자성을 얻을 수 없으며, 특히나 이 남성의 패자남성성이 동성사회가 수용할 수 있는 정도를 넘어선다면, 그는 동성사회에 진입할 수 없다.

'여자 하나 자기 것으로 만들지 못하는' 남자는 평가 절하된다. 여자 하나 자기 것으로 만들지 못한다는 말은 여자랑 키스도 못 해봤다는 말, 섹스도 제대로 못 해봤다는 말과 같다. 동성사회는 이런 '같잖은 남자'를 결코 진정한 남성으로, 동성사회의 구성원으로 인정하지 않는다. 이것이 여성이 처녀성을 유지해야 한다는 사고방식을 강요받았던 것과 달리, 남성이 동정인 것은 수치로 여기는 분위기가 있었던 까닭이다.

강신주는 김소월과 백석을 비교하면서, 김소월은 여자와 키스도 한 번 못 해본 사람인 반면 백석은 며칠 밤을 자본 사람이라고 치켜세웠다. 사랑을 '제대로' 해본 사람은 김소월을 못 읽는다며, 초등학교 여학생들이나 좋아할 만하다고 평가했다.[*] 섹스를 할 줄 모르는 남성을 폄하하는, 전형적인 승자 남성성이다.

물론 섹슈얼한 관계 형성이 여성을 소유하는 것만을 의미하는 것은 아니다. 건강한 관계를 맺기 위해 필요한 일이기도 하고, 성에 대한 그릇된 관념과 사회적 터부를 깨는 일일 수도 있다. 차별과 멸시 없이 평등하고 동등한 관계에서의 섹스와 스킨십은 아름답다.

그렇다고 해서 성 경험이 없는 것이 부끄러워하거나 놀림받아야 할 일은 아니다. 여자도 모르고 연애도 제대로 못한다며 폄하하는 것도, 성에 대해 억압적인 사회 관념에서 벗어나지 못한다며 비아냥거리는 것도 승자남성의 자만이다. 더구나 지속적으로 성적 압제나 폭력, 범죄에 시달린 사람이 있다면, 우선적으로 그 배경에 있는 사회 분위기와 범죄자에 초점을 맞추어야 한다.

패자남성은 남성성을 갖추지 못한 자로서 추방된다. 추악한 성범죄자에 대해 물리적 방법을 쓰든 화학적 방법을 쓰든 반

---

* 강신주·지승호, 『강신주의 맨얼굴의 철학 당당한 인문학』, 시대의창, 2013.

드시 거세를 해야 한다고 말하는 것에는 곧 그의 '남성 자격증'을 제거함으로써 신성한 남성의 세계에서 완전히 추방해야 한다는 의미도 있다. 오랜 세월 게이가 동성사회에서 배척된 것은 그들이 남성이 여성을 지배한다는 인식을 위협하기 때문인 동시에, 남성의 동성애가 우정과 의리로 뭉친 동성사회 내부에 균열을 일으킬 수 있기 때문이다.

패자남성이 추방되는 유배지는 자격증이 없는 자들의 세계, '여성'이다. 우에노 지즈코上野千鶴子는 소유당하는 것은 성적 주체의 위치에서 성적 객체로 전락하는 것, 즉 '여성화되는 것Feminize'이며, 남성은 이를 가장 두려워한다고 지적했다.** 실화를 바탕으로 제작된 영화 「소년은 울지 않는다Boys Don't Cry」 (Kimberly Peirce, Christine Vachon, 1999)는 동성사회의 여성 배척과 추방을 가장 적나라하게 드러낸다. 생물학적으로는 여성이지만 남성이 되기를 꿈꾼 티나는 최선을 다해 남성성을 연기하지만 수시로 진짜 남성인지를 의심받으며 실험대에 오른다. 남성 세계에 진입하고자 하는 노력은 그가 생물학적으로 여성임이 드러난 순간 파국을 맞는다.

승자남성과 패자남성을 구분하는 기준은 남성과 여성을 구분

** 우에노 지즈코, 나일등 옮김, 『여성 혐오를 혐오한다』, 은행나무, 2012.

하는 기준과 겹쳐진다. 모범적인 승자남성의 특성, 즉 남성성에 반하는 모든 것은 곧 여성의 특징이 된다. 힘이 없고 유약하며, 이성적으로 사고하지 못하고 감성적이며, 돈이 부족하거나 낭비벽이 심하며, 조신하거나 낭랑하며, 나이가 적고 순종적이며, 중요한 일을 맡지 못하는… 여자, 여자 같은 남자.

1세대 자유주의 페미니스트는 여성이 제도권의 핵심으로 진입함으로써 남성과 동등한 위치에서 경쟁할 수 있다고 믿었으며, 점점 더 많은 여성들이 이를 반복적으로 수행하게 된다면 진정한 의미의 평등이 실현될 수 있을 것이라고 믿었다. 그러나 그 믿음은 곧 깨졌다. 그들은 사회 핵심부 승자남성 사회에 속하기 위해서는 끊임없이 자신의 남성성을 증명하며 패자남성을 물리치는 작업에 동참해야 한다는 것을 알지 못했다. 박근혜는 자기 색깔이라고는 없이 아버지의 유산을 이용해(조력자에 힘입어) 정치를 했고, 마거릿 대처는 자신의 앙칼진 목소리를 일부러 중후하게 바꾸어 노동당을 조롱했으며, 힐러리 클린턴은 아이를 돌보는 여성도 국제정치에 참여할 수 있다는 것을 보여주어야 했다.

결핍을 결핍하기 위한 혐오

버지니아 울프는 저서 『자기만의 방』에서, 힘 있는 남성들을 보며 느꼈던 두려움과 비통함이 연민과 관용으로 바뀌었다고 고백했다. 그가 보기에 남성들은 "죽을 때까지 간을 찢고 허파를 쪼아대는 독수리와 매를 가슴속에 품고 살아야" 한다.* 끝없는 전쟁과 경쟁 속에서 더 많이 가지기 위해 자기 자신을 제물로 바치는 것이다.

이상적인 남성은 결핍을 결핍한 존재다. 남성성의 결핍은 곧 패자로의 전락이기 때문이다. 그런데 대부분의 남성은 어딘가 결핍되어 있고, 언제라도 그 결핍을 들킬 수 있는 위험한 상황에 처한다. 언제 패자남성으로 전락해 추방될지 모르는 현실은 정도의 차이만 있을 뿐 거의 모든 남성에게 동일하게 적용된다. 그리고 탈락한 패자는 자연스럽게 멸시된다. 권력이란 편안함이고, 편안함은 익숙함이며, 익숙한 것은 눈에 보이지 않는다. 가난과 장애와 힘 없음 등은 모두 사라진다. 승자 지향성에는 소수자, 약자를 향한 시선이 결여되어 있다. 승자남성은 패자남성을 그저 우월감, 연민과 동정, 경멸 등이 뒤섞인 눈빛으로 내려다볼 뿐이다.

이 잔혹한 시선엔 규칙도 질서도 없다. 누구나 이 눈빛을 보낼 수도, 받을 수도 있다. 승자 지향성은 단순히 욕망을 채

---

* 버지니아 울프, 박혜원 옮김, 『자기만의 방』, 더클래식, 2017.

우기 위해서가 아니라 생존을 위해 심화한다. 언제 어디서 패자가 될지 모르는 위험천만한 사회에서, 승자도 패자도 아니라는 불확실한 정체성은 승자가 되어야 한다는 강박을, 더 심각한 패자가 될지도 모른다는 상시적 두려움을, 모든 방면에서 승자가 되지 못한다는 자책과 자기혐오를 낳는다. 남성의 자기혐오는 패자로 전락하는 것에 대한 두려움, 패자로 전락한 사람들을 향한 멸시와 그 멸시의 대상이 되지 않기 위한 끊임없는 몸부림, 두려움을 견디기 위한 자기 착취다.

남성은 패자남성으로 전락하는 것을 끔찍하게 여기며, 자기 안의 패자남성성을 제거하기 위해 노력한다. 동시에 패자남성과 동일시되는 여성에 대한 차별과 멸시, 여성혐오도 가속화된다. 남성은 자기를 혐오하기 때문에 여성을 혐오한다. 남성이 자기혐오를 한다는 것은 곧 여성혐오를 한다는 의미고, 여성혐오를 하는 남성은 자기혐오에서도 자유롭지 못하다. 남성의 자기혐오와 여성혐오는 서로의 원인인 동시에 결과다.

남성의 자기혐오는 남성이 목을 매고 여성혐오를 재생산하게 하는 기제다. 남성은 그 정도가 지나쳐 스스로를 착취하게 될 정도로 여성혐오를 내면화하며, 여기에 실패한 자는 자기혐오에 함몰되어 심각하게 폭력적으로 돌변하기도 한다. 동성사회에서 밀려난 패자남성은 남성 세계에서 남성성을 발휘

하지 못한 울분을 여성에게 삐뚤어진 방식으로 분출하기 쉽다. 정신분석학자 알프레드 아들러Alfred W. Adler에 따르면 지배적 남성성을 갖추지 못한 소년(과 소녀)은 짐짓 완벽한 남성성을 추구하는데, 본 논의에 따르면 이들은 패자남성이다. 이들은 신체적 취약함이나 열등하다고 여겨지는 형질 때문에 신경증을 겪으며, 남성다움을 더욱 과장해서 표현하려고 한다. 더 많은 사회적 보상과 승자성을 갈망하며 공격적이고 폭력적인 성향을 보인다. 이것이 '남성적 항의Masculine Protests'다. 남성다움의 과장된 표현이 여성혐오와 얼마나 연결되어 있는지는 지금까지의 논의에서 확인할 수 있었다. 패자남성의 분노는 감히 승자남성을 향하지 못하고 엉뚱한 곳에 퍼부어진다. 이것이 끔찍한 범죄로 이어진 곳이 2016년의 강남역이었다.

패자남성이 여성과 동질화된다는 부분은 남성을 파악하는 데 있어 주요한 논의 지점이라는 점에서 상당히 중요하다. 이에 따르면 남성이 여성을 혐오한다면, 여성혐오와 같은 맥락에서 패자남성을 혐오하는 것도 가능하며, 이것을 남성의 자기혐오라고 말할 수 있다. 따라서 패자남성을 정의하지 않고서는 남성이 여성혐오를 하는 이유를 피상적으로밖에 파악할 수 없다. 정희진이 종속적 남성성이라는 개념을 거부한 이유는 어떤 남성이 패자로 전락했다 해도 어쨌든 남성이라고 판단했기 때문이다. 그럼에도 코넬이 종속적 남성성과 공모적 남성성을 구분해서 정의한 이유는 계급으로서의 남성으로 모든 남성을 표현하면 노정하게 되는 모순이 많기 때문이다. 이것은 이 글에서 승자남성과 패자남성을 구분한 이유이기도 하다. 남성과 페미니즘을 이야기하기 위해서는, 모든 남성에게 내재되어 있는 패자남성성과, 사실상 패자남성으로 규정된 남성에 대해 더 깊이 고찰할 필요가 있다.

혐오의 맥락을 읽어야 한다

남성의 자기혐오라는 표현은 오해의 소지가 많다. 패자남성이 여성과 동질화된다고 해서, 여성혐오와 같은 선상에서 '패자남성혐오' 내지는 '남성의 자기혐오'라는 용어를 사용할 수 있을까? 그게 가능하다면, 왜 '남성혐오'라고는 표현하지 못할까?

남성혐오라는 개념이 있기는 하다. 영어로는 미산드리 Misandry로, 증오를 의미하는 그리스어 Misos와 남성을 의미하는 Andros의 합성어다. 남성혐오는 남성에 대한 성차별, 명예훼손, 폭력, 성적 대상화 등을 의미한다.

그러나 미산드리는 여성혐오를 의미하는 미소지니처럼 학문적으로 유의미하게 정의되지도 않았거니와, 역사적으로 남성과 여성이 동등했다는 식의 인식을 조장한다고 비판받는다. 사회학자 앨런 존슨Allen G. Johnson은 남성혐오가 여성혐오와 동일선상에서 논의될 수 없다고 지적한다. 가령 여성에게 여자라서 일을 제대로 못한다는 식으로 비난하는 것은 타격이 크다. 실제로 많은 사람들이 그렇게 믿고 있기 때문이다. 그런데 남성에게 남자라서 멍청하고 둔감하다고 비난하는 것은 별 소용이 없다. 그렇게 생각하는 사람들이 거의 없기 때문이다. 우에노 지즈코 또한 남성혐오는 존재하지 않는다고 말한다. 남성은 동성사회를 통해 권력을 얻을 수 있다. 그러나 여성은 동성사회를 형성해도 남성에게 압도적으로 밀린다. 따라서 여성혐오에서 한 글자만 바꾼 남성혐오는 가능하지 않다.

그런데 최근 한국 인터넷상에서는 남성혐오라는 용어가 자주 눈에 띈다. 앨런 존슨과 우에노 지즈코의 말이 무색하게도 여성혐오를 그대로 뒤집어 여성이 남성을 비하하거나 멸시하는 행위를 의미하는 말로 사용된다. 남성이 저지르는 여성혐오가 있다면 똑같은 형태로 성별만 바꾸어 여성이 저지르는 남성혐오도 있다는 것이다. 요컨대 남성을 '한남'이라는 멸칭으로 부르며 '소추'라는 용어로 평균 성기 길이가 6.9cm임을 조롱하고 한강에 투신해 죽은 사람의 이름을 따서 죽으라는 의미로 "재기하라"고 말하는 것들은 의미 그대로의 혐오이므로 남성혐오라고 할 수 있다는 것이다.

그러나 이 현상을 이해하기 위해선 혐오의 의미를 되짚어보아야 한다. "여성을 혐오한다"는 미소지니의 차원에서 "여성혐오를 한다"의 의미로 사용될 수 있다. 이 혐오는 페미니즘이 지적한 것처럼 남성이 여성을 동등한 주체로 인정하지 않았던 사회·역사·문화적 맥락 등을 전제하는 용어다. 미워하고 싫어한다는 사전적 의미를 넘어선 사회적 용어인 것이다. "여자 주제에!"라는 말에 담겨 있는 여성혐오가 이때의 혐오다. 한편 미워하고 싫어한다는 사전적 의미 그대로 여성을 혐오하는 사람이 있을 수 있다. 이것은 나치가 유대인을 혐오하는 것이나, 벌레나 오물을 '극혐'하는 것과 같은 혐오다. 편의상 전자를 사회적 혐오, 후자를 사전적 혐오라고 구분하자.

원래 혐오라는 단어는 사전적 혐오의 의미로만 사용되었다. 그런데 페미니즘 논의가 활발해지고 여성혐오라는 단어가 주로 사용되면서, 혐오의 사전적 의미에 더해 사회적 의미도 생기게 되었다. 누구 마음대로 단어의 의미를 조정하느냐고 비난하지는 말자. 단어의 의미를 따지며 시비를 걸기보다, 혐오의 의미가 확장된 이유가 무엇인지 들어보는 게 우선이다.

'김치녀'라고 말하는 경우 이는 사전적 혐오인 동시에 사회적 혐오다. 그러나 '한남'이라고 말하는 것은 사전적 혐오다. 그러므로 여성혐오라는 말이 가지고 있는 사회적 맥락을 고려한다면 결코 여성혐오에서 한 글자만 바꾸어 '남성혐오'라고 표현할 수 없다. 남성혐오를 여성혐오에 대한 미러링으로 등장한 사회적 용어라고 말할 수는 있을 것이다.

한편 미소지니를 여성혐오로 번역한 것이 적합하지 않다고 말하는 사람도 있다. 혐오의 사전적 의미 때문이다. 사회적 혐오와 사전적 혐오의 용례는 확실히 다르다. 미소지니는 싫어한다는 의미의 그리스어 Misein과 여성이라는 의미의 Gyne의 합성어로, 고유명사다. Miso와 Gyny로 떨어뜨려서 사용할 수 없다. 반면 여성혐오는 여성과 혐오 각각을 따로 사용할 수 있다. "I miso you"라고 말할 수는 없는데, "난 너를 혐오해"라고 말할 수는 있다.

우에노 지즈코 또한 이 지점에서 고민했던 것으로 보인다. 그도 "여성을 좋아하는 남성은 여성을 혐오한다"는 언설은 얼핏 보기에 이상하다고 지적했다. 그는 미소지니는 단순히 여성에 대한 남성의 혐오가 아니며, 남성의 '여성 멸시'와 여성의 '자기혐오'로 구성된다고 분석했다. 그리고 이 둘을 합해 '여성 싫어하기女ぎらい'라고 명명했다.*

여성 싫어하기는 여성혐오보다 미소지니에 더 가까운 표현

---

* 우에노 지즈코, 앞의 책.

이다. 일본에서 '-싫어하기ぎらい'는 '인간 싫어하기人間ぎらい', '외출 싫어하기出ぎらい'처럼 사회적인 현상을 나타낼 때 상용구처럼 사용되는 표현이다. '-싫어하는 사람'으로 사용되기도 한다. 애인과 싸워서 "애인이 싫다恋人がぎらいだ"고 말할 수는 있지만, 이를 '애인 싫어하기恋人ぎらい'라고 칭하지는 않는다. 즉, 여성 싫어하기는 '여성을 싫어하다'가 아니다.

미소지니는 일본에서 여성 싫어하기로 번역됐고, 이는 다시 한국에서 여성혐오로 번역됐다. 의미를 보면 정확한 번역이다. 그런데 사회적 혐오로 사용되는 "여성혐오를 하다"와 사회적 혐오와 사전적 혐오를 포괄하는 "여성을 혐오하다"가 가지고 있는 차이가 간과되었다. 미소지니라는 말이 낯선 사람들이 이 차이를 인지하기는 어렵다. 그러나 '혐오'라는 단어가 가진 사회적 맥락까지 이해한 사람이라면 더 이상 문제삼을 일이 없을 것이다. 그럼에도 번역이 적절하지 못했다고 생각한다면, 더 좋은 표현을 찾아 혐오 담론에 기여할 수도 있을 것이다.

여성혐오가 계급으로서의 남성에 의해 역사적으로 꾸준히 지속된 사회적이고 구조적인 여성 차별, 멸시, 타자화라면, 승자남성과 패자남성의 역학을 고려했을 때 '계급으로서의 남성 자신에 의해 역사적으로 꾸준히 지속된 사회적이고 구조적인 남성의 자기 차별, 자기 멸시, 자기 타자화'를 여성혐오와 공명하는 남성의 자기혐오로 이름 붙일 수도 있을 것이다. 다만 미산드리, 미소지니, 남성에 대한 사전적 혐오 등을 고려하면 이를 남성혐오라고 하기엔 무리가 있어 보인다.

분단국 남성성

식민지 남성성

남성과 여성의 분화가 사회 내부의 현상으로 국한되어 있는 것은 아니다. 젠더는 곧 권력관계이기 때문에, 강자와 약자, 승자와 패자가 뚜렷한 국제 관계는 흔히 남성과 여성의 관계로 은유된다. 특히 국가적 차원에서 제국주의 국가는 폭압적인 남성으로, 식민지 국가는 착취를 받는 여성으로 비유되곤 한다. 영화 「아가씨」의 사례에서 보았듯, 대표적인 것이 일본제국과 식민지 조선의 관계다.

제국의 남성은 식민지 여성을 착취할 수 있지만, 식민지 남성은 제국의 여성에게 접근하는 것조차 힘들다. 제국은 우월한 위치에서 식민지를 평가할 수 있다. 영화 「대호」(박훈정, 사나이픽처스, 2014)에서 지리산 호랑이를 잡으러 온 일본군 장교는 지리산을 바라보며 "깊고 우아한 산"이라며 찬미한다. 이것은 지리산의 아름다움에 대한 순수한 찬미가 아니라, 감상·평가·정복의 대상에 대한 찬미이다. 순수한 찬미는 동등한 관계에서나 가능하다. 만약 식민지 조선인이 후지산을 찬미한다면, 이는 동경에 가까운 감탄 내지는 아부일 것이다.

국제적 권력관계는 그 국가 안의 사람들에게도 영향을 미친다. 국제적 권력 분화와 국내적 권력 분화는 연결되어 있으며, 이것이 상호작용하는 과정에서 새로운 현상이 나타나기도 한다. 이를 설명하는 것이 '식민지 남성성'이다. 정희진은 구한말 이후 외세, 특히 일본의 지배를 받았던 식민지 조선의 남성들이 한반도에서 형성한 기형적인 남성성을 포착하고 이를 식민지 남성성이라 명명했다. 식민지의 남성은 국내에서는 여성보다 우위에 있는 남성이지만, 국가적으로는 일본이라는 강력한 '남성'에 의해 패자, 즉 '여성'이 된다. 승자성과 패자성이 공존하는 긴장 상태에 빠져 있는 것이다. 이들은 국가적으로 여성이라는 치욕을 해소하기 위해 국내 여성에게 폭력을 행사한다.* 지금까지의 논의에 비추어보면 식민지 남성성은 자기혐오에 함몰되어 그 분노를 여성에 대한 폭력으로 해소하려고 하는 패자남성성이다. 식민지 남성의 여성혐오는 폭력적으로 표출된 남성적 항의다.

분단국 남성의 자기혐오: 승자가 되기 위한 사투

1945년 일본제국은 붕괴했고, 조선은 독립했다. 오늘날 명시적으로 한국을 지배하는 나라는 없다. 신자유주의 국제 질서

---

* 권김현영 외, 앞의 책.

를 분석하는 과정에서 한국을 여전히 식민지로 표현하는 경우가 있긴 하지만 이는 그저 은유로, 한국보다 강하다고 평가되는 나라가 있을 뿐이다. 오늘날에는 더 이상 한국의 외교 관계에 젠더 구도를 적용하기 어렵다. 한국 남성은 일제에 복종했던 식민지 조선의 남성과는 본질적으로 다른 환경에 놓여 있다. 패자남성인 식민지 남성과는 달리, 국제적으로 여성이라고 한탄하지 않으며, 폭력과 여성혐오를 일삼지도 않는다. 오늘날의 한국 남성이 폭력과 여성혐오를 일삼는 이유는 다른 곳에 있다.

식민지 조선의 남성은 충과 효를 중시했던 조선시대 남성과는 달리 부국강병을 중시했다. 그리하여 조선 말기까지 남성의 역할은 제사·집안 관리·경제활동·아들(특히 적장자) 교육에 대한 것이었으나 식민지 조선에서는 직업에 전념하여 국가 발전에 이바지하는 것으로 수렴되었다.* 그렇게 일제강점기를 거치며 한반도의 남성은 자신을 국가·민족과 동일시하기 시작했다.

그러나 이 동일시는 일본제국이 붕괴하면서 함께 좌절되었다. 동일시의 대상인 국가가 남북으로 쪼개진 것이다. 한반도

* 홍양희, 「식민지시기 남성교육과 젠더: 양반 남성의 생활상과의 비교를 중심으로」, 『아시아여성연구』 제44권 1호, 2005, 131-156쪽.

의 남성들은 민족 건설과 국가 건설에 혈안이 되어 매달렸으나 번번이 실패했다. 그렇게 몇십 년이 흘렀지만, 이 동일시 욕구는 여전하다.

이제까지 북한은 특수부대가 어떻네, 장사정포가 어떻네, 핵무기의 위력이 어떻네 하면서 세계 7위 군사 강국인 한국을 처참히 파괴할 수 있는 강력한 국가로 인식되었다. 그런 북한과의 전쟁에서 패배한다는 것은 북한 정권의 폭압적 통치, 김 씨 일가를 향한 충성 강요, 비인간적인 공산주의 등이 우리 삶을 지배하게 된다는 것을 의미한다. 이는 더 확실한 안보가 필요하다는 주장으로 이어진다. 익숙한 모습이 아닌가? 승리를 향한 단순한 욕망이 아닌 생존을 위한 승자 지향성이 북한을 상대로 나타나고 있다. 그리고 이는 국가·민족과 자신을 동일시하고자 하는 욕구에 뿌리를 내리고 있다.

전쟁이 끝나지 않았기 때문이다. 북한이 있는 한 한국 남성, 분단국 남성은 승자도 패자도 아니다. 분단은 한국을 국제적으로 승자와 패자 사이에 있는 어중간한 국가로 남겨놓았다. 한국 남성은 승자가 될 수도 있고 패자가 될 수도 있는 존재다. 불안정하다. 그 결과 한국 남성은 패자가 되어선 안된다는 두려움과 승자가 되어야만 한다는 강박증을 가지게 되었다. 극심한 승자 지향성, 분단국 남성의 자기혐오다.

식민지 남성의 경우, 국내적으로는 승자, 국외적으로는 패자라는 모순된 정체성 사이에서 마찰이 일어났고, 이것이 여성혐오를 낳았다. 분단국 남성은 식민지 남성과 달리 승자성과 패자성의 갈등을 국내외에서 모두 경험한다. 아직도 한국 사회가 한국전쟁과 이념 전쟁의 상흔을 치유하지 못했으며 이것이 정치 논쟁의 핵심에 있다는 점만 봐도 분단은 한국 사회를 규정하는 가장 중요한 문제다. 분단의 폐습은 국내에서 남성의 자기혐오와 광범위한 여성혐오라는 강력한 부작용을 형성한다. 분단국 남성이 국제적으로 승자도 패자도 아닌 긴장 상태에 빠져 있다는 것을 지적하는 이유는, 그것이 국내에서 만들어내는 부작용을 관찰하기 위함이다.

분단국 남성의 여성혐오: 나의 노고가 헛된 것이 될까 봐

남북 경쟁에서 공식적인 승자가 되어야 한다는 불안과 강박은 한국 남성의 자기 착취로 이어지며, 자기 착취는 폭력을 낳는다. 분단국 남성은 국제적 승자가 되기 위해 승리에 도움이 되지 않는 모든 가치를 폄하하고 억누른다. 이 폄하와 압제는 남성의 자기혐오인 동시에 가부장제만큼이나 핵심적인 여성혐오의 뿌리다.

분단의 가장 큰 폐습은 과도한 승자 지향성, 북한에 대한 경쟁의식이다. 이것이 분단국 남성 자기혐오의 주요한 원인이다. 끝나지 않은 전쟁과 북한이라는 적은 뭉치면 살고 흩어지면 죽는다는 위기감을 낳는다. 북한은 완벽하게 격파해야 할 대상이다. 절대로 패배하면 안 된다는 경쟁의식은 한반도 남쪽에서 살아가는 사람들의 심리 가장 깊은 곳에 있는 두려움과 맞닿는다. 뒤처지는 것은 죽음보다 더한 치욕이다.

그 결과 안보가 국가와 사회가 중시해야 할 최고의 가치로 격상되는 가운데, 국가와 사회의 잘못을 꼬집거나 비판하면 분열을 획책하는 '빨갱이' '종북'으로 낙인찍힌다. 엄혹한 군부독재가 종료되고 절차적 민주주의가 갖춰진 오늘날에는 국가나 사회를 비판하는 일이 비교적 쉽다. 하지만 아직도 국가보안법을 폐지해야 한다거나, 어떤 형태로든 조선인민군과 협업을 해야 한다고 말하기는 쉽지 않다. 적이기 때문이다. 나 아니면 너, 우리 아니면 너희, 아군 아니면 적군이다.

그 최초의 현상이 반공주의를 위시한 백색 테러였다. 한국전쟁은 휴전으로 일단락되었으나 언제든 패자로 전락할 수 있다는 두려움은 북한에 대한 분노로 표출되었다. 북한의 특성은 곧 패자남성의 특성 내지는 여성의 특성으로 인식되었고, 북한과의 경쟁에서 반드시 승리해야 한다는 편집증적 강박으로 인해 발전에 해가 되는 것들은 모두 북한과 관계된 것으로 취급되어 박멸의 대상이 되었다.

징병제를 생각해보자. 군 복무는 남성을 승자와 패자로 가르는 동시에 패자남성과 여성을 동질화하는 가장 강력한 함수 체계다. 군 복무를 위한 신체검사를 할 때부터 신체에 등수가 매겨짐으로써 남성간의 우열이 나뉘고, 이후에도 현역과 공익, 전방 부대와 후방 부대, 전투병과 취사병, A급 병사와 관심병사가 갈리며, 그 사이에는 넘을 수 없는 우열의 벽이 세워진다. 승자와 패자가 극명히 구분되는 것이다.

그런데도 왜 남성들은 군대 문화를(혹은 군대를) 개선하거나 없애야 한다고 말하지 않을까? 왜 오히려 여자도 군대에 가야 한다고 주장하며 부조리의 전장을 확대하려 하는 걸까? 군 복무가 제공하는 승자성, 승자에게 부여하는 혜택과 승자성의 우월감 때문이다.

오찬호에 따르면 한국 남성은 폭력을 참아가면서, 수치심을 느끼면서 남성이 된다.* 그 과정에서 힘에 따른 질서와 그 질서에 수반되는 폭력을 내면화한다. 이 폭력에는 언제나 의미가 부여된다. 요컨대 "참아야 남자가 된다" "견디는 과정에 새로이 깨닫게 되는 것이 있다" "이 폭력 속에는 가르침이 있다"

---

* 오찬호, 『그 남자는 왜 이상해졌을까?』, 동양북스, 2016.

따위의 변명이 태어나는 것이다. 이등병은 선임들의 폭력 속에서 군대의 생리를 깨닫는다. 신입 사원은 선배의 폭력 속에서 일 잘하는 법을 배운다. 폭력의 내면화는 승자의 우월감 획득과 동일시된다.

그런데 이 우월감은 징병의 주체인 국가가 아니라 객체인 남성(시민)들이 직접 생산한다. 남성은 경쟁의식과 약자 혐오를 직접 수행한다. 군대에서 수많은 부조리를 직접 겪은 남성들로서는 자신의 군 복무가 무의미하며 불합리한 일이었다고 인정하기 어렵다. 남성은 군에 적응하기 위해 노력해야 했고, 실제로 노력했다. 그러지 않으면 가혹한 폭력이 뒤따르므로 하고 싶지도 않아도 해야만 했다. 여기에서 탈락한 자는 패자 남성으로 낙인찍힌다. 그렇게 힘겹게 견뎌낸 2년이 헛짓거리였다는 비판은 이들에게 참을 수 없는 모욕이다.

제대 군인은 자신의 군 복무에 어떻게든 의미를 부여하면서 정당하며 반드시 필요한 일이었다고 자부한다. 인생을 잘못 살지 않았다는 안도감과 자신감을 얻기 위함이다. 이를 증명하기 위해 동원되는 논리 중 가장 고상한 것이 '신성한 국방의 의무' 따위다. 남성 세계에서는 중요한 일과 중요하지 않은 일이 나뉘는데, 중요한 일이란 북한과의 경쟁에서 승리하는 데 도움이 되는 일이며, 이는 곧 국내에서의 승자성과도 연결된다. 국방의 의무는 승자성을 증명하는 가장 중요한 일 중 하나다. 그래서 외국 국적을 가지고 있으면서도 조국에 대한 의무를 다하기 위해 한국으로 돌아와 군 복무를 하는 해외 교포 2세의 이야기는 미담으로서 주기적으로 등장한다.

한편 2018년 6월 헌법재판소는 양심적 병역거부자에 대한 대체복무를 허용해야 한다고 판결했다. 일각에서는 "그럼 아무나 대체복무하겠네"라는 걱정 아닌 걱정이 쏟아졌으며, 동시에 "나는 비양심적이라서 군대 갔냐"는 불만도 터져나왔다.* 이렇게 걱정과 불만이 동시에 불거지게 된 것은, 군 복무가 부여하는 승자성이 사실은 별 필요가 없지만 그래도 승자(전역자)의 권위가 무너지면 안 된다는 인식 때문이다. 아무나 대체복무하겠다는 걱정은 사실 나도 군 복무를 하기 싫었다는 고백이며, 나는 비양심적이라서 군대 갔냐는 불만은 하기 싫은 군 복무를 함으로써 부여받은 승자성을 훼손하지 말라는 경고다.

그런데 가만히 뜯어보면 양심적 병역거부자에 대한 사회적 불만은 이상한 구석이 있다. 사실 대체복무는 아무나 할

---

* 2019년 1월 국방부는 양심적 병역거부자 대신 '종교적 병역거부자'라는 용어를 사용하기로 했다고 밝혔다. 그러나 종교적 병역거부자라는 단어는 여호와의 증인에게는 적합하게 사용될 수 있을지 몰라도 평화를 지향한다는 이유로 병역을 거부하는 사람들은 포함하지 못한다는 비판을 받고 있다.

수 있는 것이기 때문이다. 누구나 희망하면 의무경찰·의무소방관·산업요원으로 근무할 기회를 가질 수 있다. 운동을 잘하는 사람은 월드컵에서 금메달을 따면 병역을 면제받는다. 2018년 올림픽 당시 전 국민은 손을 모아 국가대표팀의 금메달 획득을 기원했고, K-POP 등 다른 영역에서도 병역특례를 제공해야 한다는 이야기까지 나왔다.

병역 면제나 대체복무에 대해서는 사회적 반발이 적지만 신념에 따른 병역거부는 안 된다는 주장이 불거지는 이유는, 전자의 경우 국가가 승자성을 부여하기 때문이다. 의무경찰이나 의무소방관은 군인만큼이나 사회에 필요한 사람들이며(물론 그럼에도 군 복무를 한 사람에게 놀림감이 되곤 한다), 금메달을 딴 선수들은 국위선양이라는 승자성을 획득한다. 그런데 양심적 병역거부자에게는 부여할 수 있는 승자성이 없다. 감히 승자도 아닌 주제에 군대에 가지 않겠다니, 분단국에서는 용납될 수 없는 일이다.

국방의 의무에 승자성을 보장하는 것과 관련된 또 다른 이슈가 지금은 폐지된 군 가산점제다. 군 가산점제는 공공기관, 공기업, 일부 사기업 등에 지원한 남성을 동일하게 상향 평준화한다. 그러나 이 분야에 해당되지 않는 남성들은 실질적으로 아무런 지원도 받지 못하는데, 여기에 대해서는 사회적 논의가 전혀 없다. 군 가산점제는 군 복무 기간이 헛된 것이 아니었다는 상징인 동시에, 군 복무를 했다면 하지 않은 사람보다 더 좋은 대우를 받아야 한다는 믿음의 발로다. 이조차도 보장받지 못한다고 느꼈을 때, 억울하게 군대에서 희생되었다고 느낄 때, 그 분노는 나를 희생한 주체인 국가나 사회구조가 아니라 옆에서 아무것도 하지 않는 여성들을 향한다. 실제로 군 가산점제가 폐지될 때 남성들은 여성들에게 크게 분노하며 이렇게 외쳤다. "그럼 여자도 군대 가라!" 물론 누구나 여성의 군 복무가 필요하다고 주장할 수 있지만, 그게 고작 군 가산점제 폐지 때문이라면 크게 아쉽다.

수많은 방식을 통해 승자성을 획득한 남성은 '최종적인 전리품' 즉, 여성을 가질 자격을 획득한다. 지인이 군 복무를 하던 시절, 계급이 낮은 병사가 실수를 하면 "너 오늘부터 금딸(자위 금지)이야"라거나 "휴가 나가서 섹스하지 마. 넌 그럴 자격도 없어"라고 질책하는 선임이 있었다는 이야기를 들었다. 물론 가벼운(?) 농담이었다고는 하지만, 성욕을 금지하는 것을 처벌의 의미로 사용할 수 있는 것은 섹스가 승자의 전리품이며 패자에게는 불허되는 것이라고 여겨지기 때문이다. 군인의 사기를 올려주겠다고 비키니를 입은 어린 여성을 불러 포즈를 잡게 하고, 성인 잡지의 유통을 일종의 산소 공급처럼 받아들이며, 휴가 때 섹스를 하고 왔는지부터 물으며 낄낄거리는 것은 모두 여성을 승자의 전리품으로 여기기 때문이다.

이것은 여성을 실제로 소유하지 못한 패자남성들의 남성적 항의인지도 모른다. 물론 동성사회의 저속한 문화를 '쪽팔린다'고 비난하고 비웃는 남성들도 있지만, 여기서 주목해야 하는 것은 이 비난과 비웃음이다. 이미 여성을 안정적으로 소유하고 있는 남성, 혹은 향후 여성을 소유할 개연성이 있는 남성, 즉 승자남성은 구태여 이를 저속한 방식으로 표현할 필요가 없다. 따라서 이들은 여성의 도구화와 무관한 것이 아니라, '조금 더 젠틀한 방식으로' 여성을 소유할 뿐이다. 앞서도 이야기했지만, 저열한 동성사회에서 스스로 발을 뺀 (누군가는 '유니콘'이라고 부르는) 남성들은 이 글의 논의 대상이 아니다.

다시 본래의 논의로 돌아오면, 군 복무는 단순히 했느냐 안 했느냐로 구분되는 경험이 아니다. 이 지점에서 승자와 패자, 현역과 공익 따위의 구분이 등장한다. 군필자들 중에서도 덜 중요하고 덜 필요하고 덜 정당한 사람이 구분되며 군 복무는 다시 한 번 더 고귀한 신화가 된다. 해병대나 최전방 부대에서 근무했다고 하면 "고생했네"라며 치하하는 것도, 후방 부대나 비전투병과에서 근무했다고 하면 "꿀 빨았네"라고 조롱하는 것도 이러한 이유에서다.

여성이 아니면서 군 복무를 하지 않은 사람에 대한 차별도 강화된다. 남성들이 제아무리 자기들끼리 승자와 패자를 나누고 무용담을 주고받으며 의미를 부여해봐야, 막상 군대를 다녀오지 않은 사람이 잘 살아간다면 이들의 군 복무는 통째로 무의미한 일이 되어버린다. 이 지점에서 군 면제자, 양심적 병역거부자, 여성 등에 대한 경멸이 탄생한다. 군 면제자에 대해서는 공직을 맡을 자격이 안 된다는 비판이, 양심적 병역거부자에게는 대체복무든 지뢰 제거든 뭐라도 하라는 강요가, 여성에 대해서는 군대에 가라거나 군 가산점제를 인정하라는 주장이 제기된다.

징병제는 서구에서 시민권의 발달과 동행하는 것으로 여겨지지만, 한국에서는 시민권의 발달을 넘어 승자성까지 부여하는 강력한 기제가 되었다. 이 집단적인 승자성 조장은 정치권력이나 경제 권력만큼이나 강력하다. 군대는 한편으로 정치·사회·경제적 영역의 승자와 패자를 반전시키기도 한다. 각계의 힘 있는 자들도 본인이나 자녀의 미심쩍은 군 면제가 드러났을 때만큼은 말을 아끼고 복지부동하며 폭풍이 잦아들기를 기다린다. 이 외에도 이명박 대통령의 우스꽝스러운 사격 자세를 담은 사진이 얼마나 오랫동안 조롱거리로 소비되었는가?

어찌 보면 군 복무에 승자성이 부여되는 것은, 군 복무가 힘 없고 '빽 없는' 패자남성들에게만 주어지는 의무이기 때문이다. 진짜 승자남성들은 자신의 정치·경제적 자본을 동원해 수단과 방법을 가리지 않고 군 복무를 회피해왔다. 이들은 군대에 가지 않음으로써 정치·경제적 자본을 세습할 시간적 여유를 확보한다. 따라서 군 복무를 둘러싼 강박은 이에 대한 남성적 항의의 일종이라고 생각할 수 있다. 그러나 사실 군대에 다녀온 남성들이 군 면제를 받아낸 승자남성들에게 쏟아내는 분노는 군 복무를 통해 부여받은 승자성이 훼손되는 것에 대한 자조일 뿐이다. 군 복무를 통해 부여받는 승자성이란 대단히 피상적이고 조작적인 것이다. 남성들은 이 사실에 대한 자조와 피상적인 승자성을 공유하며 진짜 승자남성을 제외한 군 면제자(장애인, 사회복무요원이나 여성 등)에 대해 우월한 지위를 확보한다. 이는 이를테면 패자남성의 승자남성화로, 남성 세계에서 승자남성과 패자남성의 구분이 얼마나 복잡하고 다변적인지를 방증한다. 이것이 문재인 대통령이 특전사 시절의 사진을 통해 엄청난 인기를 획득할 수 있었던 배경이다. 특전사 사진을 통해 군 복무로 승자성을 공유하는 패자남성들에게 동지 의식을 얻은 것이다.

군대에 대한 강력한 사회적 의미 부여는 수많은 방면에서 혐오를 가속화한다. 군인이라는 승자남성의 전형은 블랙홀처럼 온갖 가치를 뒤섞으며, 이 뒤섞임의 과정 속에서 혐오는 폭발적으로 증가한다. 남자라면 군대에 가야지, 남자라면 그 중에서도 전투병과에서 복무해야지, 남자라면 듬직해야지, 남자라면 참을 줄도 알아야지, 남자라면 위계에 복종할 줄 알아야지, 남자라면 연애도 섹스도 많이 해봐야지, 남자라면 잘하는 운동 하나 정도는 있어야지, 남자라면 아량이 넓어야지, 남자라면 호탕하게 한턱 쏠 줄도 알아야지, 남자라면 경제적 능력도 좋아야지, 남자라면 웅대한 꿈을 가지고 계획적으로 살아야지, 기타 등등. 여기에 크게 어긋나는 남성은 여성 취급을 받으며, 소수자 혐오도 강화된다. 계집 같다, 게이 같다, 기생오라비 같다 등등.

이는 사회 전반으로 뻗쳐 군사주의와 군사문화를 형성한다. 분단국의 군사문화는 비단 남성에게만 적용되는 것이 아니라, 학교와 기업까지 잠식하고 있다. 끈끈한 공동체, 목표를 위한 단결, 위계질서 따위를 강조하면서, 올바른 길로 인도하겠다며 후배의 잘못이나 실수에 분노나 폭언을 쏟아내는 등의 모든 위계적 행위는 군사문화의 일종이다.

군사주의의 핵심은 우선 획일화와 개인의 소외다. 군사주의는 관습이나 명령에 어긋나는 것, 튀는 것을 꺼린다. 모두가 NO라고 말하는데 혼자 YES라고 말하거나, 모두가 짜장면을 먹는데 혼자 짬뽕을 먹거나, 모두가 단정하고 예쁜 옷을 입는데 혼자 요상한 옷을 입거나, 모두가 웃는데 혼자 웃지 않거나, 안보를 말해야 하는데 평화를 말하거나, 평화를 말해야 하는데 안보를 말하거나, 모두가 도덕을 말하는데 혼자 자유를 말하거나, 모두가 자유를 말하는데 혼자 도덕을 말하는 짓은 눈총을 받는다. 결국 반대도 사라지고 소수도 사라지고 개인은 소외당하게 된다.

그 뒤를 잇는 것이 일사불란함이다. 단체 과제가 주어졌는데 게으름을 피우면 안 된다. 다들 공동의 업무를 잘 하고 있는데 혼자 뒤처지면 안 된다. 선생님이나 교수님이 무슨 말을 했는데 토를 달면 안 된다. 사회 전체에 통용되는 도덕이나 대세가 있는데 혼자만 지키지 않으면 안 된다. 이 모두는 일사불란함을 저해하며 사회를 좀먹는 악으로 간주된다.

진영 논리 속에서 심화되는 여성혐오

남북 관계처럼, 분단국의 '보수'와 '진보'는 휴전선같이 뚜렷한 경계를 사이에 두고 치열하게 다투는데, 이 또한 여성혐오로 이어진다. 먼저 진보와 보수가 어느 나라에서나 볼 수 있는 정파가 아니라 분단 상황에서 자유롭지 않은 분단국 남성성이라는 점을 짚어야 한다. 한국에서 진보와 보수로 불리는 세력을 가르는 근원적 기준은 정치·사회적 보수성이나 경제체제에 대한 신념이 아니라, 대북관이다. 진보와 보수는 경제나 외교 등 다른 분야에서는 때로 비슷한 정책을 내놓기도 한다. 김대중 전 대통령은 시장 보수의 꿈인 FTA를 추진했으며, 노무현 전 대통령은 이라크 파병을 끝내 거부하지 못했다. 박근혜 전 대통령은 좌파라는 비판을 들으면서도 경제민주화를 대선 공약으로 내세웠고, 한미동맹을 강조하는 안보 보수의 우려에도 중국 전승절 행사에 참석했다.

그러나 두 진영은 북한에 대해서만큼은 각자 한결같이 같은 주장을 펼친다. 한쪽에서는 '승리'를, 한쪽에서는 '평화'를 지상 과제로 제시한다. 통일에 대한 견해 또한 '자유민주주의 질서에 입각한 흡수통일'과 '화해협력을 통한 평화통일'로 양분된다. 한국의 진보와 보수는 대북관을 중심으로 진영을 형성한다. 이렇게 형성된 진영에 경제정책, 역사 인식 등 기타 분야의 서로 다른 이념들이 비교적 공고한 형태로 결합한다. 결국 한국 정당의 '진영 논리'는 분단이 만들어내는 것이다.

진보와 보수의 진영 갈등은 어느 나라에서나 발견되는 것이지만, 한국의 진영 갈등은 북한에 대한 승자 지향성 때문에 유독 더 치열하다. 보수는 북한이라는 절대악을 궤멸해야 한다고 생각한다. 그런데 온갖 세력이 이러한 승자 지향성을 방해한다. 여기서 오는 분노는 상대 세력을 종북·빨갱이로 모욕하는 수준으로까지 확대된다. 진보도 마찬가지다. 구태여 북한을 패배시키고 공식적인 승자가 될 심산까지는 없으나, 승자도 패자도 아닌 상황에서 벗어나야 한다는 위기감을 갖고 있는 것만은 보수와 같다. 다만 분단 문제를 평화적으로 해결해 이 위기감을 없애고 싶은데, 괜히 상황을 악화시키면서 방해만 하는 세력이 있으니 이들은 수구·적폐세력일 뿐이다. 냉전기 미국에서 일었던 매카시즘McCarthyism 광풍은 한국에서 현재진행 중에 있다. 그리하여 진보와 좌파, 보수와 우파를 구분하지도 못할 정도로 진영 논리에 매몰되어버린다.*

중간이 없다. 보수와 진보는 상대방이 정권을 잡는 일을 패배로 여긴다. 저마다 국가·민족의 부흥이라는 대업을 완수하는 각자의 시나리오를 가지고 있으며, 정적政敵은 방해꾼일 뿐이다. 한반도가 남한과 북한으로 나뉘고 아무도 승자가 되지 못한 것처럼, 분단국의 남성도 진영 논리로 나뉘고 그 누구도 승자가 되지 못했다.

이 대결 구도는 북한이나 안보와 관련되었을 때 극명하게

---

* 진보와 보수는 한 사회의 혁신파와 온건파를 구분하는 용어일 뿐이다. 좌파와 우파는 근대 경제체제에 대한 이념으로 뭉친 사회주의자와 자본주의자가 조금씩 변형된 것으로 진보와 보수보다 협소한 개념이다.

드러난다. 스스로 보수라고 말하는 사람들은 국민의정부와 참여정부를 통틀어 잃어버린 10년이라고 비하하고, 스스로 진보라고 말하는 사람들은 이명박 정부와 박근혜 정부를 통틀어 이명박근혜라고 조롱하며 수구꼴통, 적폐라고 명명한다. 정파 간 교차 투표가 불가능한 것도, 99개의 공통점이 있어도 1개의 차이점이 있으면 타자로 간주해버리는 집단주의도, 다름을 틀림으로 인식해버리는 사고도 작동 방식이 똑같다.

이들은 앞서 소개한 프랑스혁명의 사례와 같은 방식으로 여성을 혐오한다. 상대 진영을 공격하기 위해 상대 진영을 여성화하거나 상대 진영의 여성을 모욕하는 것이다. 2016년 촛불혁명 당시 박근혜 전 대통령은 누드화의 모델이 되며 정적들에게 성희롱을 당했다. 이에 박 전 대통령의 지지자는 남성 정적이 아니라 그 아내의 누드화를 그림으로써 반격했다.

여성을 성적으로 대상화함으로써 남성을 지지하는 역할을 요구하는 방식도 사용된다. 2012년 대선을 앞두고, 어떤 여성이 자신의 신체에 투표 독려 문구를 쓰고 이를 사진으로 찍어서 인터넷에 유포하는 일이 있었다. 섹슈얼한 자극을 이용한 독려 행위였다(독려라고 표현해도 될지 모르겠지만). 여성의 신체를 이용한 자극에 반응하는 것은 주로 남성이기 때문에, 이 여성의 투표 독려 대상에서 다른 여성들은 제외되어 있었다고 볼 수 있다. 한편, 자신이 지지하는 정치인이 부당한 이유로 투옥되었다고 생각한 여성들이 같은 방식으로 자기 신체에 "가슴이 터지도록 나와라"라는 문구를 적고 이를 촬영한 사진을 유포하는 일도 있었다. 여기서 지적되어야 하는 것은 자신의 섹슈얼리티를 도구적으로 활용한 여성들이라기보다는, 여성의 성적 대상화가 유희로 소모되었다는 사실 그 자체, 그리고 이에 대해 반성하지 않은 진보 커뮤니티다.

분단국의 경쟁의식과 진영 논리가 생산하는 여성혐오는 보수 진영과 진보 진영에서 약간 다르게 나타난다. 보수 진영의 여성혐오는 앞에서 언급한 남성의 자기혐오, 여성혐오와 얼추 맞아떨어진다. 이것이 극단화된 것이 일베다. 반면, 진보 진영이 생산하는 여성혐오와 관련된 가장 유명한 발언이 유시민의 '해일과 조개' 발언이다. 유시민은 정치인으로 활동하던 시절에 당내에서 성범죄 사건이 제기되자, '해일이 오는데 조개나 줍고 있다'는 식으로 발언하며 성범죄 문제를 사소한 것, 시급하지 않은 것처럼 취급했다.* 이렇듯 진보 진영에서 여성, 소수자, 동성애자 인권 등의 문제는 종종 나중에 해결해도 되

---

* 이후 유시민은 이에 대해 "작은 일로 회의 시간이 소모되는 것에 대해서 '우리가 해변에서 조개껍질 들고 놀고 있는 아이와 같다'고 했는데 그게 어느 분에 의해서인지 모르겠으나 왜곡된 것"이라고 해명했으나 이때 '작은 일'이란 여전히 성범죄 문제를 지칭하는 것으로 보인다. 김지은, 오마이뉴스, 2006.02.07.

는 부차적인 안건으로 밀려난다. 일례로 2017년 대선운동이 한창일 당시 문재인 후보가 성평등 정책에 관한 연설을 하던 중 한 여성이 "저는 여성이고 동성애잔데, 제 인권을 반으로 자를 수 있습니까?"라고 외치며 차별금지법과 동성애자 인권에 대한 문재인의 입장을 물었다. 이에 문재인은 나중에 발언할 기회를 드리겠다고 답했고, 문재인 지지자들은 입을 모아 "나중에!"라고 외쳤다. 그로테스크한 장면이었다.

물론 "나중에" 논리는 보수 진영에서는 잘 제기되지도 않는다. 왜냐하면, 이러한 것들은 굳이 나중으로 미루고 말고 할 것도 없이 아예 문제조차 되지 않기 때문이다. 좌파 몰아내고 나라 지켜야지! 남자가 군대 가고 돈 버는 동안 여자는 집안일해야지! 동성애라니, 단단히 미쳤구나! 하나님이 두렵지도 않니?

진보 진영에서 "나중에" 논리가 나오는 것은, 보수 진영을 이겨서 나라를 바로잡는 일이 최우선이라는 사고방식 때문이다. 이들은 "성범죄 문제보다 4차 산업혁명이 더 중요해요"라고 말하진 않지만, "성범죄 문제보다 정권 창출이 더 중요해요"라고 말한다. 앞서도 이야기했듯 보수 진영을 이겨야 한다는 논리는 분단 상황에 뿌리를 내리고 있으며, 국가·민족·평화가 가장 중요하다는 인식을 기반으로 한다. 이토록 중요한 문제를 논하는데 여성들이 도움은 되지 못할망정 무엇이 중요한지도 모르고 젠더나 평등부터 들고 나서니, "나중에 이야기하자"고 달래려 하는 것이다. 그렇지만 "나중에"라고 말할 수 있는 권력이란 얼마나 보수적인가? 박정희 또한 진정한 민주주의는 "나중에" 이루고, 우선 한국식 민주주의를 통해 경제부터 발전시켜야 한다고 말하지 않았던가?

패자남성을 자처하는 분단국 남성

국가 관계를 단순히 젠더로 은유하는 것이 부족하며, 승자남성과 패자남성의 틀이 필요한 경우도 있다. 식민지 남성성과 분단국 남성성도 마찬가지다. 일본제국이 마치 조선에 일본 여성을 공급하듯이 식민지 남성과 일본 여성의 내선결혼을 장려한 일이 있다. 이는 승자남성이 성 산업을 통해 패자남성을 보살펴주는 것과 같은 구조다. 일제는 대외적으로 여성의 위치에 있던 조선 남성에게 일본 여성과의 결혼을 제공함으로써 일본 남성이 가지고 있는 승자남성성을 일부 부여해주고 내선일치와 대동아공영권 완성의 도구로 사용하고자 했다.* 이때 국제사회의 젠더 관계에서 일치된 내선은 남성이며,

---

* 권김현영 외, 앞의 책.

정복의 대상인 아시아 국가들은 여성이고, 일본은 승자남성, 조선은 패자남성이다. 그러나 조선 남성은 국내의 여성과의 관계 속에서 패자가 아니라 승자가 된다. 여기서 특수한 사례가 친일 조선 남성이다. 이들은 조선 안의 다른 남성과 여성과의 관계에서 승자남성으로서 다른 남성과 여성 위에 군림하기 때문이다. 이때 조선 내부의 패자남성이 대내외적으로 패자, 여성이라는 열등감의 분풀이로 내부의 여성에게 가하는 폭력이 식민지 남성성에서 발견되는 여성혐오다.

승자남성은 패자남성을 여성화함으로써 승자남성-패자남성의 구도를 남성-여성의 구도로 치환하고자 하지만, 이는 어디까지나 두 행위자 사이에서만 벌어지는 현상이다. 행위자가 셋 이상으로 늘어나는 경우 패자남성은 승자남성은 되지 못하더라도 남성의 지위를 부여받을 수는 있다.

비슷한 사례는 분단국에서도 발견된다. 한국의 국제적 위치를 일본이 아니라 미국과의 관계에서 생각해보자. 『한국전쟁의 기원』으로 유명한 브루스 커밍스Bruce Cumings 교수는 한국에 방문했을 때 한국인과 주한미군으로부터 끊임없이 쏟아지는 성 접대를 거절하느라 힘들었다고 말했다. 그는 한미 관계를 한국이 미국에 종속된 관계로서 여성이 남성에 성적으로

종속된 것에 비유했다.[*]

브루스 커밍스처럼 한미 관계를 젠더 관계로 은유할 경우, 한미 관계가 동등해지면 한국 여성이 물건처럼 제공되는 일은 사라지리라고 추측할 수 있다. 그러나 이런 추측은 민족 모순이나 계급 모순이 해결되면 젠더 모순은 자연스럽게 사라지리라는 주장과 같다. 반은 맞고 반은 틀리다. 한미 관계가 동등해지면, 즉 미국이 한국에 대해 승자남성이 아니게 되면 한국 남성이 미국 남성에게 성 접대를 하는 일은 사라질 것이고, 계급 모순이 사라지고 생산관계가 평등해지면 여성이 자본의 압박 때문에 성판매로 연명하게 되지는 않을 것이라는 주장은 일견 타당하다.

정확히 말하자면, 브루스 커밍스가 받은 것은 승자남성 미국에 대한 패자남성 한국의 복종이었다. 성 접대는 패자남성의 복종의 증표다. 그러나 한미 관계를 젠더 관계로만 표현하면 한국 남성의 여성 착취를 포착할 수 없다. 기지촌 문제와 기생관광 문제가 대표적이다. 기지촌은 미군을 대상으로 성판매가 이루어지던 곳이고, 기생관광은 일본 남성 관광객을 대상으로 한 성판매 상품이다. 둘 모두 한국 정부가 직·간접

---

[*] 정희진. 「죽어야 사는 여성들의 인권: 한국 기지촌여성운동사」, 『한국 여성인권운동사』, 한울, 1999, 300-358쪽.

적으로 관리했다.* 한국은 미국과 일본 앞에서 패자남성을 자처하며 자랑스럽게 여성혐오를 실천했다. 그러므로 패자남성이 승자남성에게 공물처럼 성 접대를 하는 문화를 지적하지 않고 계급 문제를 해결하는 것만으로 젠더 모순이 해결될 수 있다고 말할 수는 없는 것이다.

분단국 남성은 패자남성의 지위는 감내하지만 여성화되는 것만은 참지 못한다. 1992년 동두천 기지촌 살인 사건에 대한 국내 반응이 이를 방증한다. 패자남성은 성 상납에는 거리낌이 없었지만, 살인과 강간만큼은 용납하지 않았다. 자발적 패자남성화와 달리 타인에 의한 패자남성화는 곧 여성화다. 그리하여 '양갈보'라고 폄하되던 기지촌 여성은 유린당한 '우리 민족의 딸'로 격상되었고, 거센 반미 운동이 일어났다. 워낙 잔인한 살인 사건이긴 했지만, 꼴에 자존심은 지키려는 것이었을까.

분단국 남성성이란

분단국 남성성이란 국제적으로도 국내적으로도 승자로 자리매김하지 못한 남성의 패자가 되어선 안 된다는 두려움과 승자가 되어야 한다는 승자 지향성이 혐오의 분출로 드러나는

---

* 기생관광을 일본에서는 '풍속風俗·ふうぞく관광'이라고 하는데, 일본어에서 풍속은 매춘을 의미한다. 기지촌 문제와 기생관광 문제는 수지의 글에 자세히 설명되어 있다.

것이다. 지금껏 논의된 내용을 바탕으로 식민지 남성성의 구조를 차용해 다음과 같이 분단국 남성성을 정리할 수 있다.

(1) 식민지 남성성을 계승해 자신을 국가·민족과 동일시한다. 남북 경쟁에서 명시적 승자가 되거나, 패자로 전락하지 않는 선에서 갈등을 해결하려는 승자 지향성에 사로잡힌다.

(2) 북한과의 관계에서 파악할 때, 자신의 성별 정체성을 미완의 전쟁으로 인해 잠재적 남성(승자)인 동시에 잠재적 여성(패자)인 것으로 본다. 패자가 될 수 있다는 극심한 두려움과 잠재적 여성이라는 자기혐오를 느낀다. 그 반작용으로 승자 지향성을 더욱 채찍질한다.

(3) 자신은 본질적으로 남성이고 또 남성이 되어야 하므로 북한에게 승리하거나 전쟁을 평화적으로 종결해야 하는 중대한 임무가 있다. 이때 자신과 뜻을 함께하지 않는 자들은 빨갱이·종북이거나, 수구꼴통·적폐다.

(4) 국내에서 승자남성의 기준에 부합하지 못하는 모든 자를 여성·패자의 범주에 몰아넣는다. 그런데 자신 또한 그 다양한 굴레 속에서 여전히 잠재적 남성(승자남성)이자 잠재적 여성(패자남성)이기 때문에, 마찬가지로 승자

지향성이 격화된다.

(5) 승자남성임을 증명하는 수많은 기준을 한꺼번에 달성하는 불가능을 가능하게 하려고 애쓴다. 이때 이 경쟁에 뛰어들지 않고 기준을 무시하며 평등을 외치는 여성이나 양심적 병역거부자 등은 반사회적 인물들이라고 생각한다.

(6) 자신이 틀리지 않았다는 사실을 증명하고, 자신의 투쟁에 정당성을 부여하기 위해 군 복무 신성화, 군 가산점제 등 다양한 장치를 동원하여 승자성을 더욱 강화한다.

(7) 여성해방이나 소수자·약자 권익 보호는 아예 문제시조차 하지 않거나, 승전·종전 이후의 과제로 사소하게 여긴다.

(8) 이때 여성은 승리를 위한 투쟁에 지친 자신을 응원하고 보좌하는 정치·군사적 동지여야 한다. 그러면서도 성 역할에 충실해야 하고, 성적 욕구도 해결해주어야 한다. 더불어 남성은 자원이 부족할 때는 이들을 희생시켜서 금전적 이득을 챙기기도 한다.

(9) 한반도 밖의 강대국과의 관계에서 자신의 정체성을 파악할 때는 서슴없이 패자남성을 자처한다.

(10) 분단에 기반을 두고 있는 군사주의, 민족주의, 국가주

의, 평화 등과 같은 거대 담론을 통해 승자 지향성과 각
종 혐오를 끊임없이 재생산한다.

또 다른 기준, 신자유주의

한국의 승자남성과 패자남성에 대해 이야기할 때, 승패를 나
누는 기준이 단순히 분단이 형성한 남성성뿐이라고 이야기할
수는 없다. 현대사회에서 승패를 나누는 또 다른 핵심 기준
은 경제력과 신자유주의 질서에 따라 효율적으로 이윤을 형
성할 수 있는 능력이다. 한국에서 성공한 삶을 좌우하는 기
준은 어떤 직장에서 얼마를 벌고 어떤 집에 살며 어떤 차를
타는지 등이다.

신자유주의는 경제적 성패의 원인을 개인에게서 찾으며, 자
기개발 이데올로기를 동력으로 작동한다. 누구나 열심히 일
하면 잘 먹고 잘 살 수 있다는 믿음은 여전히 강고하게 군림
하고 있다. 그러나 신자유주의 자체를 비판적으로 검토할 때
는 경제력이나 문화 자본의 세습이 경제적 성패를 좌우하는
사회적 현실이 지적된다. 신자유주의가 돈을 굴려 돈을 버는
자와 오늘 벌어 내일 사는 자의 차이를 모호하게 한다는 것
이다. 결국 신자유주의 체제에서 승자는 열심히 일해서 경제
적 성공을 성취한 사람이거나 부모로부터 각종 자본을 상속

받은 사람이며, 패자는 능력이나 운이 부족한 탓에 경제적 성공을 이루지 못한 사람이거나 부모에게 가난과 우울만을 상속받은 사람이다.

다만 신자유주의에 대한 옹호든 비판이든 이것만으로는 한국 남성을 적실하게 파악하기 어렵다. 신자유주의가 성별 문제에 관심이 없다는 것은 여러 지점에서 지적된다. 모든 사람은 평등한 기회를 부여받으며 노력하는 자가 승자고 노력하지 않는 자가 패자가 된다는 신자유주의적 신념은 겉보기에 평등하며 이상적이다. 실제로 (신)자유주의의 뿌리에 있는 기회의 평등이라는 가치는 '여성의 사회 진출을 독려하며 성차별을 없애야 한다'고 주장하는 자유주의 페미니스트들의 사상적 명석이 되기도 했다.

그러나 신자유주의는 엘리트라는 새로운 형태의 남성성을 만들었을 뿐 평등에는 눈에 띄는 기여를 하지 않았다. 신자유주의 질서 속에서 경쟁적 개인주의가 심화하는 가운데 가장은 '조직 생활에 잘 적응하거나 번뜩이는 아이디어로 이윤을 내는, 지적으로 탁월한 생계 부양자'로 재탄생했다. 모든 인간은 성별에 관계없이 평등한 기회를 가진다고 하는 오늘날까지도 유리천장은 공공연하게 실재하고 있다. 여성은 걸맞는 노력을 하지 않았기 때문에 사회 고위직에 진출하지 못하는 것이라는 원론적인 백래시Backlash도 여전하다. 여성의 사회 진출 실패가 단순히 젠더로 논할 수 있는 문제가 아니라면, 그 외에 또 어떤 요인이 있는지 제대로 논증된 경우도 없다.

또 꼭 효율적으로 경제적 이윤을 창출하느냐 그렇지 않느냐가 남성들 사이에서 승자와 패자를 나누는 유일한 기준이라고 단정하기도 힘들다. 경제적 계급과 정치·사회적 계층의 높낮이가 반드시 일치하는 것은 아니기 때문이다. 대체로 돈이 많은 자들이 승자로 군림하게 되지만, 돈이 없다고 해서 승자성을 갖출 수 없는 것은 아니다. 우리는 국내에서 노동문제, 평화 문제, 환경문제 등 제도권의 중심부에서 비교적 떨어져 있는 영역의 수많은 권위자들을 발견할 수 있다. 어떤 경우 이들의 권력은 (부정적이지 않은 의미에서) 막강하며, 때로는 정치권력의 핵심부로 진입하거나 대통령에 당선되기도 한다. 이렇듯 한국의 승자남성과 패자남성은 단순히 돈이 얼마나 있느냐로 양분되는 것은 아니다.

그렇기 때문에 신자유주의에서 승패는 자본 권력을 가진 집단에 속해 있느냐 아니냐로 결정된다는 비판적인 시각 또한 젠더에 대한 성찰이나 남성에 대한 분석에 적합하지 않다. 신자유주의적 시각이 성패의 기준을 노력 여하라는 단일한 요인에 두어 현실을 왜곡한다고 비판받는 것과 마찬가지로,

신자유주의에 비판적인 시각 역시 성패의 기준을 자본 권력의 유무라는 단일 요인에 집중시킨다. 이들은 착취와 피착취의 권력관계를 전면에 드러내며 부조리의 해소를 지상 과제로 제시하는데, 이때 남성과 여성이라는 구분은 소멸하고 젠더 문제는 부차적인 것으로 밀려난다. 여성 억압을 낳는 뿌리로 사적 소유를 거론하며 사적 소유로 인한 부조리를 철폐해야 성별 문제가 해결된다고 주장하는 사고는 남성 성범죄자 비율이 90%를 상회하는 문제 등 산업 이외 분야의 여성 문제를 구체제의 유물쯤으로 소홀히 여기게 한다.

이러한 사고는 환경미화원에 대한 만화의 사례에서 확인했던 기준 고착화의 문제도 유발한다. 유산자와 무산자만 유일한 기준으로 남을 경우 인간의 방대한 스펙트럼은 은폐된다. 남성과 여성의 차이는 물론 책을 읽은 자와 그러지 못한 자의 차이, 과거에 태어난 자와 현대에 태어난 자의 차이, 빚이 있는 자와 없는 자의 차이, 약소한 빈국에서 태어난 자와 강대한 부국에서 태어난 자의 차이, 환경이 깨끗한 나라에서 태어난 자와 그러지 못한 자의 차이 등은 부차적인 것으로 밀려나거나 무시된다. 한국에서 북한이탈주민은 취업, 사회생활 등 여러 가지 측면에서 차별을 받는데, 이것은 비단 탈북민이 경제적 약자이기 때문에 생기는 차별만은 아니다. 따라서 한국에 경제적 정의가 실현되면 탈북민 차별도 사라질 것이라고 말할 수는 없다. 젠더도 같은 맥락에서 생각해야 한다.

북한의 남성성

분단의 쌍둥이인 북한에서도 상황은 비슷하다. 물론 북한을 직접 관찰할 수는 없으므로 그 내부의 남성 우월성이나 가부장제의 면면을 자세히 알 수는 없다. 그저 탈북민의 증언이나 외부로 공개되는 북한의 프로파간다, 당·국가가 강조하는 가치, 공식 자료 등을 바탕으로 짐작만 해볼 따름이다.

분단국 남성성은 국제적으로 승자와 패자 사이의 경계에서 두려워하는 남성성이다. 북한도 마찬가지다. 김일성은 한국전쟁에 해가 되었다는 빌미로 정적들을 숙청했다. 이승만의 전술과 비슷했다. 사회주의 이념의 지도자로서 소련과 중국이 총애했던 박헌영도 이때 축출됐다.

그러나 한국은 남북 갈등이 진영 갈등으로 비화했지만, 김일성 일변도로 재편된 북한은 달랐다. 8월 종파 사건, 갑산파 사건 등 굵직한 정적 숙청 사건을 거쳐 수령과 당을 중심으로 하는 명확한 서열이 구축되었다. 따라서 북한은 국내에서는 승패를 다투는 심각한 갈등은 겪지 않는다.

반면 미결의 국제적 승패가 야기하는 내부적 두려움과 자기 착취는 한국보다 심하다. 70년대 이후 한국의 경제성장이 본격화되고, 남북의 경제력이 역전되면서 패자로 전락할지 모른다는 북한의 두려움은 더욱 커졌다. 90년대에 이르러 공산권이 도미노처럼 붕괴하면서 이 두려움은 실체화되었다. 이를 해소하기 위해 북한은 핵을 개발했다. 핵은 북한에게 승자성을 보장하는 자격증이다.

국가 안보가 최대의 과제로 떠오른 가운데 철저한 위계가 형성됨으로써, 패자남성으로 전락할지도 모른다는 자기혐오·패자 혐오와 승자 지향성은 보다 강렬해졌다. 기본적인 것이 적대 계층, 반동분자에 대한 혐오다. 북한에서는 매주 생활총화를 한다. 학교에서 반 단위로, 직장에서 작업반 단위로, 마을에서 동네 단위로 주민들이 모여 수령과 당의 명령에 얼마나 충실했는지, 반성할 점은 무엇인지 돌이켜보는 시간이다. 생활총화는 자신의 잘못된 점을 반성하는 자기비판 시간, 타인의 잘못된 점을 지적하는 호상互相비판 시간으로 나뉜다. 호상비판 시간에 타인을 지적하는 방식은 두 가지다. 하나는 미리 입을 맞추는 것이다. 호상비판을 하다 보면 기분이 상하기 십상이기 때문이다. 다른 하나는 약한 놈, 패자남성을 집중적으로 공격하는 것이다.

물론 승자 지향성과 관련해, 남과 북에서 비교적 더 큰 승자성을 부여하는 분야는 조금씩 다르다. 남북 공히 가장 큰 것은 군사주의로 같지만, 북한의 군사주의는 한국보다 강하다. 북한의 남성성(그리고 여성성)은 냉전이라는 외부적 두려움과 군사주의를 통해 강고해졌다.[*] 북한은 온 나라가 게릴라 부대와 같은 '유격대 국가'이며, 선군정치의 김정일 시기를 거치며 '정규군 국가'로 재편됐다는 주장도 있다.[**]

세부적인 차이도 있다. 한국의 경우 군사주의와 비슷한 힘을 가진 것이 경제력이고, 북한의 경우엔 전통적으로 혁명성과 당성이다. 북한에서 가장 큰 승자성을 부여받는 남성은 더 혁명적인 남성, 당에 더욱 충성하는 남성이다. 북한은 50년대 말 출신성분이라고 하여 당과 국가에 충성하는 핵심계층, 충성심을 증명하지 못한 동요계층, 체제에 도움이 되지 않거나 해가 되는 적대계층을 나누었다. 핵심계층 중의 핵심계층은 혁명 1세대라고 불리는 항일 빨치산 세대다. 일제강점기에 김일성과 함께 항일 무장투쟁에 참여했던 만주파가 그 핵심이며, 최룡해, 황병서 등 이들의 자식 세대는 여전히 북한 최고 위층에 있다. 이들은 북한 최고지도자의 '백두혈통'이라는 정

[*] Choi, Suji, Gender Politics in Early Cold War North Korea: National Division, and Militarized Motherhood from the Late 1940s to 1960s, *Journal of Peace and Unification* 8(2), 2018, pp.1–27.

[**] 와다 하루키, 서동만·남기정 옮김, 『북조선』, 돌베개, 2002.

당성을 최측근에서 보좌한다.

이렇듯 북한에서 승자성은 곧 수령에 대한 충성의 정도다. 수령과 당에 대한 충성심을 증명하는 것이 승자성을 획득하는 길이며, 방법은 여러 가지가 있다. 가장 선호되는 것이 역량을 발휘하여 노동당원이 되는 것인데, 북한에서 노동당원이 된다는 것은 한국에서 법관이나 의사가 되는 것과 비슷하다.

극적인 방법으로 충성심을 드러내는 경우도 있다. 가령 물고기를 잡던 어부가 배가 침몰하는데도 선실에 붙여두었던 김일성과 김정일의 사진을 구하기 위해 노력하다 물에 빠져 죽었다거나, 김일성이 직접 글자를 새겼다고 하는 '구호나무'에 불이 나자 군인들이 이를 막기 위해 애쓰다 불에 타 죽었다거나 하는 일은 미담으로 칭송된다. 문재인 대통령과 김정은 위원장이 함께 백두산에 올랐을 때 김영철 통일전선부장은 김정은 위원장이 백두산에 올 때마다 날이 맑은 것은 백두산의 주인이 왔기 때문이라며 듣기에도 민망한 아부를 쏟아냈는데, 이것은 우리 입장에서나 민망할 뿐 북한에서는 딱히 대수로울 것 없이 자연스러운 표현이다.

군사주의를 통한 승자성을 보다 직접적으로 조성한 것은 김정일 국방위원장이다. 김정일은 군에 강력한 승자성을 부여함으로써 사회 안정과 질서 확립을 도모하고자 했다. 1990년대 중반 북한에서는 심각한 경제 불황과 기근이 겹쳐 최악의 식량난이 일어났으며, 배급 체계, 법질서, 사상적 통제 등 사회를 구성하는 제반 요소들이 몽땅 무너졌다. 김정일은 여기에 직접 '고난의 행군'이라는 이름을 붙였다. 고난의 행군은 김일성 버전의 '대장정'으로, 보천보전투 후 일본군의 토벌을 피해 어렵게 도망친 일에서 유래했다.

이후로도 김정일은 '강성대국'이라는 모토를 내세우고 군이 우선하는 나라를 만들기 위해 노력했다. 김정일은 북한 전역을 휘어잡았던 김일성의 절대적인 카리스마에는 미칠 수 없었다. 따라서 김정일은 후계 초창기에는 주체사상을 정립함으로써 사상적 지도자로서의 권위를 독점하고자 했으나, 위기 상황이 발생하자 사상이 아니라 군대에 강력한 승자성을 부여하고 자신이 그 수장이 됨으로써 정권을 유지하고자 했다.

고난의 행군을 지나면서는 북한에 새로운 남성성이 형성되었다. 경제력을 가진 남성이다. 본래 북한에서 가족경제를 책임지는 것은 거의 아내의 역할이었는데, 이제는 남성의 경제력 또한 중요한 요소로 부각되게 된 것이다. 주로 중국이나 러시아와 국제무역을 통해 돈을 버는, 이른바 '돈주'가 등장했다. 그러나 돈주의 경제력이 당의 정치적 권력을 앞서간다고 단정하는 것은 무리다. 장마당이 발달하고 일견 자본주의적인 시스템이 등장하면서 국내의 학자들은 아래로부터 거스를 수 없는 변화가 일어나리라고 예측했지만, 그 후로 약 20년이 흐른 지금까지도 그런 변화는 보이지 않는다. 돈주라고 불리는 신흥 자본 계층이 생겼지만, 이들에게 무역권을 부여하는 것은 당의 간부들이다.

최근 김정은 정권에 들어서서는 군사주의 외에도 기술관료적 탁월성, 경제적 감각 등이 새로운 승자 남성성이 되어가고 있는 것으로 보인다. 이렇게 북한에서도 한국에서처럼 승자와 패자의 스펙트럼이 넓어지고 있다.

북한의 여성혐오는 한국과 결이 다르게 나타난다. 한국에서는 그나마 많이 완화된 전통적 가부장제가 북한에서는 여전하다. 집안일과 바깥일을 병행해야 하는 여성의 이중고도 크다. 한 가지 특이한 점은, 북한에서 여성은 남성성을 자극하는 도구로 이용되곤 한다는 점이다. 북한의 영화, 가극 등의 주인공은 대부분 여성이다. 최근의 영화로는 「김동무는 하늘을 난다」의 김영미, 「한 녀학생의 일기」의 수련을 들 수 있다. 가극으로는 「꽃파는 처녀」의 꽃분이, 「피바다」의 순녀, 「당의 참된 딸」의 강연옥이 유명하다. 북한에서 여성은 사회적 약자로서 남성들에게 '나보다 약한 사람도 이렇게 열심히 하는데!'와 같은 자극을 부여한다.

틀을 깨야만 한다

몇 년 전부터 한국 사회에서도 '남성'에 대한 남성들의 논의가 불거지고 있다. 서민, 오찬호, 최승범은 페미니즘을 통해 남성 문화의 부조리를 비판했고, 최태섭은 보다 사회적으로 한국 남성을 분석했다. 한국여성정책연구원은 패권적 남성성을 바탕으로 한국의 남성성에 대한 질적 연구를 했고, 성 문화 연구 모임 도란스는 식민지 남성성이라는 새로운 분석 틀을 제시했다. 다만 오늘날의 한국 남성을 더 가까이에서 고찰한 아이디어가 있으면 좋겠다고 생각했다. '분단국 남성성'이라는 틀을 구체화하는 작업을 시작한 이유다.

조금 건방질 수도 있지만, 나는 '여성'과 '남성', '여성성'과 '남성성'이라는 틀이 사라져야 한다고 믿는다. 단어는 남아도 젠더 문제는 사라져야 한다는 의미다. 오늘날 여성과 남성의 구분은 단순히 신체적 차이만을 표현하지 않는다. 따라서 눈에 보이는 신체적 차이 이상의 것, '젠더 권력'과 '남성 권력' 등으로 표현되는 사회적 차별이 사라져야 한다는 뜻이다. 눈이 안 좋은 사람이 안경을 낀다고 해서 이상할 게 없듯이 말이다.

남성 내부의 차이와 여성 내부의 차이는 남성과 여성의 집단적 차이보다 다양하다. 다시 말해, 남성과 여성의 차이는 안경을 낀 사람과 끼지 않은 사람의 차이만큼이나 사회적으로 무의미하다. 이 무의미가 드러난다면, 성별 구분은 자연스레 사라질 것이다. 풀리고 나면 아무것도 아니게 되는 매듭처럼.

주디스 버틀러가 『젠더 트러블』에서 젠더를 명시화한 것은 젠더가 결국에는 해체되어야 한다고 주장하기 위함이었다. 마찬가지로 남성을 승자남성, 패자남성, 분단국 남성성 등으로 구체화한 것은 남성의 권력을 정당화하기 위한 것이 아니다. 역설적이지만, 남성의 차이를 분석하고 그 부조리를 지적함으로써 남성성을 해체하기 위함이다. 한국의 남성들은 자신의 남성됨과 '남성됨의 구조'를 자각해야 한다.

여성은 여성이라는 자각을 통해 사회를 새로이 보기 시작했다. 여성들이 남성이 쥔 권력과 여성으로서 받은 피해에 분노하는 것은 자신이 여성으로서 받았던 차별과 억압을 인식했기 때문이다. 따라서 남성이라는 자각은 그간 권력을 누려왔던 남성들에게는 지난한 작업이다. 본론에서도 말했듯이 권력은 편안함이고, 편안함은 익숙함이며, 익숙한 것은 없는 것이기 때문이다. 남성으로서 권력을 쥐고 있었으며 지금도 그렇다는 것을 머리로 생각하거나 감정적으로 수용할 수는 있어도, 이것을 정체성에 대한 고찰과 반성으로까지 확장하는 것은 어렵다. 내가 정확히 무엇을 가지고 있으며, 그 이유가 무엇인지, 어떻게 이를 반성하고 버릴 수 있을지 명확하게 파악하지 못하는 한 남성의 자각은 그럴싸한 수사에 불과하다.

남아프리카공화국의 에드윈 캐머런Edwin Cameron은 법조계에서 일하는 백인 남성으로, 그의 승자성은 막강하다. 아파르트헤이트 정권이 막강하던 1980년, 그는 자신이 동성애자임을 밝혔다. 이후 1994년에는 판사가 되었는데, 그해에 인체 면역 결핍 바이러스HIV에 감염되었다는 사실도 밝혔다. 그는 큰 권력을 가진 강자인 동시에 소수자이자 약자라는 자신의 위치를 매일같이 떠올린다고 말한다. 캐머런과 같은 사람들의 노력으로 남아공은 헌법 개정이라는 실질적인 현실 변화를 이룰 수 있었다. 1997년 제정된 남아공 헌법은 세계에서 가장 진보적이라고 평가받는다.* 한국에서도(한국이지만) 한 번쯤은 꿈꿔봄직하다.

결국 우리에게 필요한 것은 스스로가 승자이며 패자라는 사실, 나아가 가해자이며 피해자라는 사실을 동시에 인식하는 것이다. 스스로를 오직 가해자라고만 생각하는 일은 불가능에

---

* 이범준, 「에드윈 캐머런 남아공 헌법재판관 "'동성혼 인정' 헌재 결정 나왔지만…성소수자 차별 문제, 인종차별보다 심각"」, 경향신문, 2018.12.11.

가깝고, 스스로를 승자라고만 생각하는 일은 자신이 가해자의 위치에 있다는 사실을 망각하기 쉽게 한다. 승자가 인식하는 자신은 그저 능력 있는 사람일 뿐이지 가해자가 아니다. 반대로 스스로를 패자나 피해자라고만 생각하면, 그런 자신의 위치에조차 이르지 못한, 더 먼 변방에서 살아가는 사람들을 잊기 쉽다. 어떤 영역에서는 자신도 승자이며 자신을 통해 벌어지는 새로운 가해가 있을 수도 있다고 반성하기 어렵다.

모든 개인은 사회가 심어놓은 승자성과 패자성이 경합하는 전장이다. 물론 승자성을 키우는 일이 무조건 잘못되었다고 말할 수는 없으며, 패자성을 위로하고 격려하는 일도 당연히 필요하다. 다만 중요한 것은 내 안의 승자성을 외면하거나 패자성을 억압하는 과정이 다른 누군가를 외면하거나 억압하는 과정일 수도 있다는 것이다.

혐오는 눈에 잘 보이지 않는다. 식민지 남성은 국제적으로 여성(패자)인 동시에 국내적으로 승자(남성)라는 모순이 주는 긴장으로 폭력성을 표출했지만, 이는 고의적으로 여성을 멸시하기 위한 전략은 아니었다. 그들이 여성에 대한 폭력을 아예 범죄로 규정하지 않은 것도 아니었다. 그 시절에도 강제추행이나 강간 등 범죄로 규정된 행위들이 있었다.

다만 오늘날에 문제시하는 여성혐오는 당시 사람들이 발견하지 못했던 혐오다. 당대 남성은 여성을 동등한 사회 구성원으로 취급하지 않았다. 남성도 여성도 그게 응당하다고 여겼던 시대였다. 따라서 식민지 남성의 여성 착취는 실재했으나 없는 것과 마찬가지였다. 이를 간파할 여지가 없었기 때문이다. 식민지 남성성에 대한 논의에서 지적하는 식민지의 문제들은 당시에는 당연한 것들이었으며, 그 폭력성은 오늘날에 이르러서야 포착되었다.

역사에 만약은 없다지만, 만약 그때 식민지 남성성의 폭력성에 대한 반성이 있었다면, 그 시대의 남성들이 자신의 승자성과 패자성을 함께 반성했다면, 우리 사회는 더 성숙해질 수 있지 않았을까? 식민지 남성성이 우리에게 주는 교훈은, 식민지의 남성들이 졸렬하게 여성을 억압했다는 사실과 더불어, 언제나 동시대에 미처 발견하지 못한 혐오가 있을 수 있다는 점이다.

시대가 흘러가면서 기존에는 혐오로 인식되지 못하던 것들이 혐오로 발굴되고 범죄로 재정의될 수 있다. 분단국 남성성이라는 구상도 그 반성의 일환이었지만, 새로운 것을 유의미하게 발굴해내지 못한 것 같아 아쉽다. 자유주의적 남성주의를 분단을 테마로 재해석한 단순한 작업이었던 것 같기도 하고, 섹스와 젠더를 교묘히 뒤섞은 절충주의적 시각이었던 것

같기도 하다. 있는 이야기나 잘 하지 뭐 하러 용어나 만들고 앉아 있었을까 하는 생각도 든다.

하지만 아직도 하고 싶은 이야기는 많다. 분단국 남성성과 연결되어 있는 사건과 현상들이 머릿속에서 소용돌이치지만, 아직 사유와 성찰이 부족한 탓에 글 속에 자연스럽게 녹여내지 못했다. 더 열심히 공부하여 오늘날에는 지적되지 않지만 10년 뒤에는 문제로 지적될 여성혐오들을 찾아내고 싶다. 제인 에어처럼, 내게도 경계 너머를 바라볼 수 있는 시력이 있었으면 좋겠다.

수많은 여성은 여성을 이해하기 위해, 자기 자신을 이해하기 위해 여성을 규정하는 기성의 범주에서 벗어났다. 마찬가지로, 남성은 자신을 이해하기 위해 지금까지 남성을 가두었던 울타리에서 벗어나야 한다. 집단적 가해의 당사자로서의 남성과 여성의 관계와 여기서 파생한 문제들을 파악하는 것도 중요하지만, 그 이상이 필요하다. 남성과 남성의 망막에 맺히는 여성의 이미지, 그 번역 과정 등을 이해해야 한다. 이것이 무분별한 혐오에서 벗어나는 길이다. 남성으로서 남성을 이해할 수 있다면, 세계의 잘잘못을 가리는 자신만의 기준을 세우고 믿고 따를 수 있다면, 표면적인 갈등에 연연하지 않을 수 있다. 어떤 문제나 상황이 닥쳐도 의연히 사유하고 해석하고 반성하며 꿋꿋하게 한 발 더 앞으로 나아갈 수 있을 것이다.

우리에겐 '우리'가 필요하다. 우리는 친구로서, 사회 구성원으로서, 연인으로서, 동료로서 함께 어울릴 남성을, 여성을, 또는 여성도 남성도 아니거나 스스로를 성의 테두리에 가두지 않는 사람들을 필요로 한다. 함께할 사람이 필요하다면 스스로를 돌아보고 반성해야 하며, 그리하면 그다음엔 누가 뭐라 하지 않아도 자연스럽게 말과 행동이 변한다. 어렵지만, 이것이 우리에게 페미니즘이 필요한 이유다.

참고문헌

강신주·지승호, 『강신주의 맨얼굴의 철학 당당한 인문학』, 시대의창, 2013.

권김현영 외, 『한국 남성을 분석한다』, 교양인, 2017.

권인숙, 「징병제의 여성참여: 이스라엘과 스웨덴의 사례 연구를 중심으로」, 『여성연구』 74권 1호, 171–212쪽, 2008.

고바야시 마사루, 이원희 옮김, 『쪽발이』, 소화, 2007.

김기태, 「성매매 여성이 밝힌 '지옥에서 보낸 14년'」, 한겨레, 2011.12.10.

김지은, 「"'조개론', 그런 뜻 아닌데 왜곡 전달돼 속상"」, 오마이뉴스, 2006.02.07.

김태완, 「성구매 경험 남성의 성매매 태도에 영향을 미치는 요인에 관한 연구: 성구매자 재범방지교육 프로그램(존스쿨) 수강자를 대상으로」, 『교정복지연구』 33호, 2014, 117–143쪽.

나폴리언 섀그넌, 강주헌 옮김, 『고결한 야만인』, 생각의힘, 2014.

조안 드잔 외, 린 헌트 엮음, 조한욱 옮김, 『포르노그래피의 발명』, 책세상, 1996.

마거릿 미드, 조한혜정 옮김, 『세 부족사회에서의 성과 기질』, 이화여자대학교 출판부, 1998.

버지니아 울프, 박혜원 옮김, 『자기만의 방』, 더클래식, 2017.

스베틀라나 알렉시예비치, 박은정 옮김, 『전쟁은 여자의 얼굴을 하지 않았다』, 문학동네, 2015.

시몬 드 보부아르, 이희영 옮김, 『제2의 성』, 동서문화사, 2009.

아자 가트, 오숙은·이재만 옮김, 『문명과 전쟁』, 교유서가, 2017.

알프레드 아들러, 김문성 옮김, 『아들러 심리학 입문 플러스』, 스타북스, 2018.

양 얼처 나무·크리스틴 매튜, 강수정 옮김, 『아버지가 없는 나라』, 김영사, 2007.

여성가족부, 『2016 성매매 실태조사』, 2016.

오찬호, 『그 남자는 왜 이상해졌을까?』, 동양북스(동양문고), 2016.

와다 하루키, 서동만·남기정 옮김, 『북조선』, 돌베개, 2002.

우에노 지즈코, 나일등 옮김, 『여성 혐오를 혐오한다』, 은행나무, 2012.

이범준, 「에드윈 캐머런 남아공 헌법재판관 "'동성혼 인정' 헌재 결정 나왔지만
…성소수자 차별 문제, 인종차별보다 심각"」, 경향신문, 2018.12.11.

정희진, 「죽어야 사는 여성들의 인권: 한국 기지촌여성운동사」, 『한국 여성인권
운동사』, 한울, 1999.

존 베이넌, 임인숙·김미영 옮김, 『남성성과 문화』, 고려대학교출판부, 2011.

직썰, 「남자가 본 일제 '여친 인증 사건'의 진짜 문제」, 2018.12.05.

최태섭, 『한국, 남자』, 은행나무, 2018.

홍양희, 「식민지시기 남성교육과 젠더(gender): 양반 남성의 생활상과의 비교를
중심으로」, 『아시아여성연구』 제44권 1호, 2005.

R. W. 코넬, 안상욱·현민 옮김, 『남성성/들』, 이매진, 2013.

Johnson, A. G., *The Gender Knot: Unraveling Our Patriarchal Legacy*,
Philadelphia: Temple University Press, 2014.

Hayden, B, Competition, labor, and complex hunter-gatherers, in E.
S. Burch and L. S. Ellanna(eds), *Key Issues in HunterGatherer
Research*, Oxford: Berg, 1994, pp.223-242.

Choi, Suji, Gender Politics in Early Cold War North Korea: National
Division, and Militarized Motherhood from the Late 1940s to 1960s,
Journal of Peace and Unification 8(2), 2018, pp.1-27.

E. K. Sedgwick, *Between Men: English Literature and Male Homosexual
Desire*, New York: Columbia University Press, 1985.

K. Clatterbaugh, What is problematic about masculinities?, *Men and
Masculinities* 1(1), 1998, pp.24-45.

Reiner, W. G, Gearhart, J. P., Discordant Sexual Identity in Some Genetic
Males with Cloacal Exstrophy Assigned to Female Sex at Birth, *The
New England Journal of Medicine* Vol.350. No.4., 2004. pp.333-
341.

「그것이 알고 싶다」 886회 〈빵빠레와 빠삐용: 나는 무엇이었나〉, SBS, 2013.

분단 대한민국,
여전히 내가 설
자리는 없다
_영민

내 인생을 망치러 온 나의 구원자, 나의 페미니즘

나와 다른 '세상'에서 다른 '사람'들과의 미래를 꿈꾸는 이들

"시대가 나를 페미니스트로 만들었다니까?"라고 외친 순간이 있다. 사실 이는 나의 개인사를 뒤져서 찾아낸 클라이막스 대사라기보다는 스스로를 페미니스트라고 여기는 대다수 사람들의 경험일 수 있다. 어느 날 눈을 떠보니 나는 페미니스트가 되어 있었고 그것은 앞으로는 이전까지 세상을 보던 방식으로는 생각할 수 없다는 것을 의미했다. '과거로 돌아갈 수 없다.'

세상을 바꾸겠다며 패기 넘치게 시작한 20대였다. 지금이 박정희, 전두환의 시대도 아니고 혁명이 필요하겠냐 싶겠지만 내가 맞닥뜨린 세상은 폭력 그 자체였고, 그것이 나만 아는 비밀인 양 거만하게 굴었다.

그런데 어느 순간부터 나를 둘러싸고 있는 것들이 삐걱거리기 시작했다. 어쩌면 조금은 내 책임일 수 있겠다고 고민했다. '자본가'라는 말에 어떠한 가치판단도 없다는 말을 들었을 때 열심히 고개를 끄덕였던 것에 비해 '노동자' '동지'라는 말 안에는 항상 온갖 종류의 가치판단을 집어넣었으니 말이다. 나쁠 수 없는 사람, 그를 수 없는 사람. 나와 함께 투쟁하고 연대하는 사람들에게 걸었던 기대는 완전했고, 배신하지 않을 것이라는 믿음으로 관계를 바라봤다. 그것은 오롯한 나의 착각이었다. 세상에 나쁜 개는 없지만 나쁜 사람은 있다. 너무나 당연한 진리를 믿지 않은 대가는 컸다. 함께하던 사람들의 과오가 하나둘 수면 위로 올라오고 우리는 그걸 비판하는 사람과 옹호하는 사람, 혹은 그것이 왜 과오인지 이해조차 하지 못하는 사람으로 나뉘었다. 그렇게 몇 차례의 폭풍이 지난 후 우리는 산산조각 났다. 과오들은 전형적인 것이었다. 비민주적인 의사결정 과정, 남성 연대, 혐오 발언, 그리고 성폭력. 어느 조직, 어느 공간에서나 쉽게 볼 수 있는 것들이어서 그것이 내 옆에 존재하고 있었는지도 몰랐던 전형적인 폭력들. 그래서 처음의 감정은 분노보단 충격이었다. 정말 몰랐으니까. 내 옆에 그런 일들이 벌어지고 있다는 것을 인지조차 못 했으니까. "그 사람이 그랬다고?" 하는 사라지지 않는 물음. 학교의 횡포를 비판하고, 재단의 부패를 지적하고, 노동자들의 죽음에 눈물을 흘리고, 장애인 이동권 쟁취를 위해 몸을 사리지 않는 사람이 자신의 동지를 성폭행했다. 이해할 수 없었다. 흔히 그려지는 가해자의 얼굴은 악마였고 찔러서 피 한 방울 안 나올 괴물이었으니 말이다. 보다 좋은 세상을 만들기 위해 싸우고 있는 사람이 어찌 악마이고 괴물일 수 있을까. 그때 내가 성급하게 내린 결론은 악마나 괴물이 '사회 진보'의 가면을 쓰고 사람들을 기만했다는 것이었다. "사람을 잘못 봤어." 당시의 나에겐 그것이 가장 설득력 있었다.

그 판단을 뒤집기까지는 그리 오랜 시간이 걸리지 않았다. 와해되었다고 생각한 조직은 빠른 속도로 재건됐고, 다시 활동하고 있는 이들의 모습을 봤을 때 이상함을 느꼈다. 결국 남자들만 남아 있는 조직. 모두 문제를 느끼고 있을 것이라 생각했는데 그렇지 않았던 것이다. 피해를 외친, 부당함을 외친 사람들만 사라지고 그들의 남성 연대는 더욱 공고해졌다. 지금까지도 나를 괴롭히는 우울증을 안겨줄 정도로 그 일련의 사건들은 나에겐 분명 '큰일'이었는데 그들에겐 '별일'도 아니었던 것이다. 그들은 여전히 비민주적으로 회의를 진행했고 함께하는 사람의 안위보다 투쟁의 전략을 중요하게 생각했으며, 혐오 발언은 그들에게 재미있는 것, 성폭력은 성폭력이 아니었다.

어쩌다 이렇게 되었을까. 나와 함께할 때는 "사람 사는 세상을 만들자"고 외치며 보다 나은 세상을 꿈꾸던 이들이었는데, 그들이 이야기했던 '사람'과 '보다 나은 세상'은 내 것과 다른 것이었을까? 혼란스러웠다. 피해 입고 상처받은 사람은 있는데 누구도 사과하지 않는 상황도, 그리고 사과하지 않는 사람들을 주축으로 "사람 사는 세상을 만들자"고 다시금 외치는 무리도.

나에게 일어난 일들을 누가 설명해주었으면 좋겠다고 생각했다. 왜 저들의 '세상'과 나의 '세상'이 다른지, 저들의 '사람'은 누구인지, 무엇이 우리의 차이를 만들었는지, 왜 결국 자리를 뜨는 것은 피해자인지 등등. 그러나 내 주변에 명쾌한 답을 가지고 있는 이는 없었고 우리가 할 수 있는 건 비어버린 옆자리를 허망하게 바라보며 함께 우는 것뿐이었다. 이렇게 말하면 너무 '페미 전도사'의 간증처럼 들리지만, 그때 페미니즘을 만났다. 내게 벌어진 일들을 설명할 수 없다고 생각했을 때, 나의 위치를 이야기해주고, 나의 답답한 심경과 혼란스러운 질문들에 답해줄 수 있는 사람도 책도 없다고 생각했을 때 페미니즘을 알게 되었다. 물론 페미니즘이라는 단어 자체를 모르진 않았다. 조직에서 신입생이 들어오면 매번 하는 '신입생 세미나'의 필수 과정 중 하나가 페미니즘이었으니까. 마르크스, 자본주의 어쩌구를 이야기할 때는 반짝거리는 눈으로 이야기를 듣다가도 페미니즘 이야기를 할 때면 도대체 저 언니들이 무슨 말이 하고 싶은 걸까 하는 마음으로 지나쳤었는데 돌고 돌아 운명처럼 다시 나타난 것이다. '내 인생을 망치러 온 나의 구원자, 나의 '페미니즘'이.

정확한 계기는 기억나지 않는다. 거의 매 방학마다 친구들과 세미나를 했었고 그 해도 역시나 방학 때 어떤 세미나를 해보면 좋을까 고민하던 찰나에 떠올랐을 수도 있다. 페미니즘이 '리부팅'되기 전, '메갈'이 없던 사회, 그저 번화가라고만 생각했던 '강남역'을 살고 있었던 나는 왜 '이번 세미나 주제는 페미니즘으로 해볼까'라는 생각을 떠올리게 되었을까. 어찌 되었든 결국 나와 함께 세미나를 했던 친구들은 그 '핑크색' 판도라의 상자를 열어버렸고 앞서 이야기했듯 우리는 다시는 그동안 우리가 세상을 봤던 그 시선으로는 세상을 보지 못하리라는 것을 깨달았다.

책 속에는 믿기 힘들 만큼 나와 똑같은 생각을 하고 있는, 조금 먼저 태어난 내가 들어 있었다. 다양한 시공간들에서 내가 겪은 것과 비슷한 일들이 벌어졌고, 반복되었다. 그것은 내가 경험한 것들이 그저 나와 내 주변 사람들만의 문제가 아닌, 오래되고 거대한 구조적인 문제라는 것을 의미했다.

"오빠는 필요없다"

운동 사회의 남성들이 들으면 조금 억울할 수도 있다. 자신역시 이 사회의 '그저 그런 남성 1인'일 뿐인데 왜 나한테만

그래 라고 생각할 수도 있을 테다. 그러나 1000명의 페미니스트는 1000개의 위치에서 1000개의 방식으로 세상을 본다. 따라서 나 역시도 이 사회의 가부장제에 대해 말하기 위해서는 내가 겪은 운동 사회의 가부장제에서 출발할 수밖에 없다.

페미니즘 공부를 본격적으로 시작한 후 읽은 책 중 하나인 전희경의 『오빠는 필요 없다』는 과거 운동권 여성들의 저항 중 하나로 '컵 깨기 운동'을 소개했다. 운동가들이 함께 사용하는 공간에서 자연스럽게 발생한 가부장적 성별 분업에 대해 분노한 여성들이 명동 한복판에서 컵을 던지는 퍼포먼스를 감행한 것이다. 손님이 오거나 회의를 할 때 여성 운동가들이 차를 내주고 컵을 치우고 설거지를 하는 것을 당연하게 여기는 남성 운동가들에 대한 저항이기도 했다. '저 컵을 누가 씻을 것인가'라는 고민과 컵을 던지는 퍼포먼스에 대한 구절을 읽으면서 조금 '웃펐다.' 세상을 바꾸려는 사람들의 머릿속을 지배한 것이 고작 '컵을 누가 씻을 것인가'라는 질문이라니, 운동 사회의 가부장제에 맞서는 여성들이 던진 것이 고작 컵이라니. 그러면서도 너무나 많은 사람들이 일상에서 자주, 흔히 사용하는 그 컵이라는 것이 담고 있는 의미가 얼마나 큰지, '고작 컵'조차 이 사회의 가부장제에서 해방된 물건이 아니라는 것이 서럽게 느껴졌다.

대학에서 함께 활동한 친구와 "도대체 여자 선배들은 다 어디에 있을까"에 대해 이야기를 나눈 적이 있다. 대학에 입학하자마자 총학생회 활동을 시작하여, 학생회 활동과 학내 운동 소모임, 외부 연대 등을 나름 꾸준히 해오는 가운데 남자 선배들은 군대에 가기 전에도, 전역한 후에도 계속해서 활동을 이어가는 데 반해 여자 선배들은 어느 순간부터 보이지 않는 것이 이상했던 것이다. 그런데 학년이 올라가고 내가 그 '여자 선배'가 되니 그 이유가 보였다. 그들이 사라진 것은 그들의 의지가 약해서가 아니라 운동 사회에 그들이 자리잡을 공간이 없었기 때문이었다. 남성이 자연스럽게 대표자가 되는 것, 회의에서의 토론을 통해서가 아니라 남성들끼리의 '담배 회의'에서 의사가 결정되는 것, 경찰과 충돌이 있는 집회에서 "여성 동지는 뒤로 빠지라"고 이야기하는 것, 선거운동 기간에 남성이 많은 공대에는 여성 선거운동원이 가는 것이 좋다고 이야기하는 것 등에 익숙해질 때쯤 운동 사회에 여성의 자리가 없다는 것이 더욱 선명하게 느껴졌다. 선거에 출마하여 후보자로서 역할을 고민하는 나에게 나 때는 여자 후보를 '몸 대주는' 사람 취급하기도 했다고 고백한 여자 선배도 있었고 "남자 둘이 출마하는 것보다 남녀가 출마하는 게 그림이 낫잖아" "학생들은 무조건 이쁜 애 뽑는다"는 식의 이야기도 적지 않았다. 학생 사회나 운동에 대한 고민이나 능력보다 '여자' 후보자로서 평가되는 것이 당연한 분위기였고 표를 얻으려면 나 역시도 그들의 평가에 발맞춰야 하는 것으로 이해했다. 또 함께 활동하는 여성들을 잠재적 연애 상대로 취급하는 행위나, 빈번하게 발생하는 성폭력 문제는 여성들이 운동 사회를 떠나는 계기가 되기도 했다. 피해를 드러내고 해결하기도 어려웠다. 명분과 정당성이 중요한 운동 사회에서 투쟁을 이끌고 있(다고 여겨지)는 남성의 가해 사실을 밝히는 것은 '투쟁을 망치는 일'로 여겨졌고 피해자는 '이 투쟁을 엎을 만큼 나의 피해 사실이 중요한가?' '나의 고발로 지금의 투쟁이 어려워지면 나는 그 모든 것을 감당할(책임질) 수 있나?'라는 질문으로 자신의 피해 사실과 투쟁의 명분을 경쟁시켰다.

앞서 언급한 『오빠는 필요없다』에서 전희경은 운동 사회 가부장제의 작동 원리를 근대적 이분법 체제에서 찾고 있다. 그는 이분법을 지배를 가능하게 하는 기초로 인식하고, 이분법에서의 두 항은 '다르지만 동등한 것'이 아니라 '인식자 대 타자'의 관계를 가지며, 인식자는 자기를 중심으로 타자를 정의내리고 세계를 대립적인 것으로 파악한다고 보았다. 이때 이분법은 위계적이며 성별적으로 작동한다.* 공과 사, 주체와 대상, 이성과 감정, 집단과 개인 등의 이분법이 위계적이고 성별적으로 작동한다는 것은 전자에 남성이 후자에 여성이 배치된다는 의미이다. 이를 운동 사회에서의 성폭력 사건에 적용하자면 성폭력과 같은 '사적인' 사건으로 '공적인' 운동에서 가해자가 퇴출되는 것은 부당하다. 더불어 '사적인' 관계에서의 성폭력 때문에 울고 화내는 여성들은 역시나 '감정'적인 존재이다. 성폭력은 피해자 '개인'에겐 끔찍한 사건이지만 이 사건으로 '집단'이 분열될 수는 없다. 전희경은 이에 대해 "개인과 집단, 개인의 이해와 '대의'가 대립적인 것으로 설정될 때 그 집단 내부의 차이들이 의미 있게 토론될 수 있는 가능성은 사라진다. 그것은 정당한 문제제기가 아니라 '분열을 조장하는 행위', '해당 행위', '조직을 깨는 짓'으로 간주되기 때문"이라고 밝히고 있다. 또한 그는 이어서 "그러나 개인을 희생하거나 '죽여야' 성립하는 집단이라면 그 집단은 무엇을 위해 누구를 위해 존재하는 것일까. 애초에 개인 대 집단이라는 이분법 자체가 의문의 대상이 돼야 하는 게 아닐까"라고 질문한다.**

---

*   전희경, 『오빠는 필요없다』, 이매진, 2008, 129쪽.

**   전희경, 위의 책, 142쪽.

여전히, 여성을 위한 나라는 없다

여성혐오와 민주주의는 함께 갈 수 있더라

전희경의 『오빠는 필요없다』가 출간된 지도 10년이 지났고, 이후 뜨거웠던 페미니즘 리부트도 등장했는데 우리 사회의 가부장제는 어떻게 되었을까. 최소한 진보 진영이라도, 운동 사회라도 조금씩 변화하고 있을까?

최근 몇 년, 여성 의제뿐만 아니라 대부분의 사회적 논의가 활발히 이루어졌다. 이 모든 일이 어느 대기업 대표의 불법 도박 사건에서 시작됐다는 농담이 유행할 정도로 우연한 계기들이 모여 현재의 대한민국을 만들어냈다. 2015년 고 백남기 농민이 경찰의 폭력 진압에 쓰러진 광장은 일 년이 채 지나지 않아 박근혜 대통령 퇴진을 외치는 무리로 가득찼고 몇 달간 이어진 촛불집회는 헌정 사상 최초로 대통령을 탄핵하고 촛불의 지지를 얻은 문재인 대통령을 당선시켰다.

독재 정권 잔재의 상징이었던 박근혜 대통령을 탄핵한 2017년은 우연하게도 1987년 민주화 항쟁 30주년이 되는 해이기도 했다. 적폐 대통령을 무너뜨리고 민주 대통령을 당선시켰다는 기쁨과 1987년의 '직접선거' 제도의 획득을 넘어 진정한 민주주의로 나아가는 길목을 맞이했다는 희열이 한반도 남쪽 땅을 가득 메웠다. 물리적 충돌 없는 평화 시위로 대통령을 몰아냈다는 것, 추운 겨울에도 수십만의 시민이 몇 개월 동안이나 광장을 지켰다는 것, 민주주의에 대한 논의가 활발해졌다는 것에 대해 국내외 언론들은 칭찬을 쏟아냈고 시민들 역시 자신이 이 땅의 주인으로서 권리와 책임을 행하고 있다는 데 자부심을 느꼈다. 그러나 저항과 희망의 기운이 가득했던 기간 동안, 나는 줄곧 석연치 않은 마음이었다. 당시의 승리는 나의 것이 아니었고 그들이 그리고 있는 미래에는 내가 없었기 때문이었다.

박 전 대통령은 후보 시절부터 페미니스트들의 논란의 대상이었다. 최초의 여성 대통령 후보를 어떻게 바라볼 것인가. 어떤 맥락에서는 여성이라는 것을 강조하는 것이 여성 차별일 수도, 어떤 맥락에서는 그가 여성이라는 것을 무시하고 마치 젠더 중립적인 세계가 있는 것처럼 이야기하는 것이 여성 차별일 수도 있는 상황에서 최초의 여성을 마주하는 것은 늘 어려운 일이다. 물론 언급한 바와 같이 '어떤 맥락'에서 여성이 튀어나왔는지를 고민하는 것은 중요하다. '준비된 여성 대통령'을 앞세워 대선을 치른 박 전 대통령과 당시 새누리당이 여성주의적 가치 실현, 성차별 해소, 하다못해 피상적인 여성 정책 수립까지 무엇 하나 제대로 해낼 것이라고 기대하진 않았다. 2012년 최초의 여성 대통령을 만들겠다는 포부를 밝힌 것이 민망할 정도로 이들의 행보는 여성 차별과 혐오로 가득했으니 말이다.

일례로, 새누리당의 전신인 한나라당은 2010년 6.2 지방선거 당시 '선거 탐구 생활'이라는 이름의 홍보 동영상을 발표했는데, 이 동영상에는 '여자는 뉴스를 바퀴벌레 다음으로 싫어해요' '여자가 아는 것은 쥐뿔도 없어요'라는 내용이 들어 있어 논란을 샀다. '바퀴벌레 다음으로 뉴스를 싫어'하고 '아는 게 쥐뿔도 없는' 여성이 약 2년이라는 시간동안 열심히 '준비'해서 대통령 후보가 되었다는 일종의 '준비된 여성 대통령 박근혜' 성공 신화의 서막으로 봐야 할까. 어쩌면 준비된 여성 대통령의 속뜻은 우리가(남자가) 준비한 여성 대통령에 가깝지 않을까.

18대 대선 당시 새누리당 총괄선대본부장이었던 김무성은 한 당원 행사에서 국민들의 혐오의 대상이 된 부패한 정치를 쇄신하기 위해 여성 대통령이 꼭 필요하다고 주장했다. 부패의 사슬을 끊기 위해서는 '나쁜 짓'을 일삼았던 남성들에 비해 "깨끗하게 살아온" 여성이 정치를 해야 한다는 것이다. 그간 남성으로 호명되지 않았던 구태의연한 정치인들을 남성으로 호명하며 과거 정치의 실패를 남성의 실패로 귀결시킨 김무성 당시 선대본부장의 주장이 흥미롭게 들리지만 그의 예상은 보기 좋게 빗나갔다.

박 전 대통령과 새누리당은 임기 내내 국정원의 댓글 조작 의혹부터 시작해 세월호 참사와 고 백남기 농민에 가해진 끔찍한 국가 폭력, 국정교과서와 일본군 위안부 합의 논란, 테러방지법과 사드 배치 등의 이슈에서 남성 못지않은(?) 무능과 불통을 보여주었다. 지지율은 바닥을 치고 보수 진영 전체가 흔들리던 와중 정운호 네이처리퍼블릭 대표의 불법 도박과 이화여자대학교 학생들의 투쟁이 쏘아 올린 공은 '비선실세'가 되어 날아왔고 세 차례에 걸친 대통령의 대국민사과가 이어졌다. 시민들은 분노로 가득 찼고 그것을 광장에 쏟아냈다.

자, 그럼 이제 무슨 이야기를 시작할 수 있을까. '준비된 여성 대통령'의 준비는 사실 미흡했다? 남성이 하나 여성이 하나 정치는 다 거기서 거기다? 박 전 대통령이 아니라 그 주변이 문제다? 비선실세의 존재를 다 알고도 박근혜를 후보로 내세운 새누리당의 대국민 사기극이다? 물론 이와 같은 이야기가 없었던 것은 아니지만 여기서는 "광장의 분노는 젠더회로를 거쳤다"*는 것을 이야기해보려고 한다.

---

* 김홍미리, 「촛불광장과 적폐의 여성화—촛불이 만든 것과 만들어가는 것들」, 『시민과세계』 통권 30호, 2017, 137-168쪽.

특정 진영의 문제는 아니었다. 박 전 대통령을 '보호'하려는 자들은 여성으로서의 사생활, 연약함을 들먹이며 "여자한테 적당히 하라"는 시그널을 보냈고 박 전 대통령을 끌어내리려고 하는 자들은 "닭근혜 병신년"을 소리쳤다. 박 전 대통령이 후보 시절부터 탄핵이 되었을 때까지 단 한 번도 자신의 성별을 부정하거나 정정한 적이 없는 것으로 보았을 때 그는 분명 꾸준히 여성이었는데, 그가 여성이라는 사실은 한때는 부패한 정치를 끝장낼 깨끗함으로, 한때는 적폐와 비정상의 상징으로 표현되었다. 박근혜-최순실-정유라로 이어지는 국정농단 사건의 핵심 인물이 여성이기 때문이라는 주장도 있을 수 있지만 새누리당을 내시환관당으로 묘사한 것, 그리고 우병우 전 민정수석과 황교안 전 총리가 '여성화'된 이미지로 통용되었다는 사실은 어떤 인물의 실제 성별이 무엇인지는 중요하지 않았다는 것을 보여준다.* 박 전 대통령의 실패를 여성의 실패로 부르고 싶어 하는 이들과 '저잣거리 아녀자'가 대한민국 헌법 질서를 농락했다는 사람들, 결혼을 하지 않은 박 전 대통령과 최태민 사이의 관계를 비정상적 섹슈얼리티로 풀어내려는 사람들까지 여성의 이미지와 섹슈얼리티는 다양

* 김홍미리, 앞의 글.

한 방식으로 여성과 비여성을 비난하기 위한 도구로 이용되었다. 주장하는 바가 무엇이든, 심지어 탄핵 찬성과 반대라는 대척점의 주장을 하는 이들일지언정 그들은 모두 여성혐오로 단결했고 그 우스운 광경은 나를 당혹스럽게 했다. 박근혜 전 대통령과 그를 둘러싼 정부와 여당이 가지고 있는 무수한 특징 중에 굳이 '여성'이라는 특징을 들고 오는 사람들(심지어 남성을 이야기하고자 할 때도)을 어떻게 이해할 수 있을까.

당시 대다수의 사람들은 그것이 왜 문제가 되는지 몰랐고 성차별적 발언을 비판하는 이들은 박근혜 지지자로 몰리기도 했다. 물론 지금이라고 해서 문제를 깨달은 사람들이 많은 것은 아니다. 당시 여성혐오적 가사로 촛불집회 무대에 오르지 못한 가수 DJ DOC의 멤버 이하늘은 최근 한 방송 인터뷰에서 페미니스트를 가지고 농담을 할 정도로 여전히 그때의 논란을 이해하지 못하고 있고, 「더러운 잠」 전시 당시 일조했던 표창원 의원은 이석태 헌법재판관 후보의 청문회에서 "(동성애를 옹호하는 당신은) 동성애자시냐"라는 질문을 할 만큼 장성한 호모포비아로 성장했다.

분열적으로 생각할 수밖에 없었다. 한편에는 박 전 대통령과 정부 그리고 당시 여당에 대한 분노가, 또 다른 한편에는 실패한 대통령을 어떻게 해서든 여성으로 호명하고 싶어 하는 이들에게 느끼는 분노가 자리했다. 박근혜 탄핵에 동의하는 사람이자 동시에 여성인 나는 촛불광장에서 어디쯤 위치하고 (혹은 할 수) 있을까, 대통령을 여성으로 호명하고 싶어 하는 이들은 촛불광장을 가득 메운 여성들을 보며 무슨 생각을 할까. 고민했다. "그 여자와 저 여자는 달라"라는 말을 하고 싶을까.

언젠가 당신의 일이 될 수도 있는 이야기

촛불집회 기간의 석연치 않은 마음은 이내 현실이 되었다. "널 믿었던 만큼 난 내 친구도 믿었기에"라는 가사가 심금을 울릴 정도로 촛불 이후는 암담했다. 쿨하지 못한 말이지만 승리로 가득 찬 사회였기에 나는 더 암담했다. 나만 빼놓고 축제를 벌인 이들 때문에 암담했다.

탄핵 선고 후 치러진 대선에서 후보들은 2015년부터 지금까지 이어지고 있는 여러 의제의 여성운동과 여성들의 적극적인 촛불집회 참여를 의식한 듯 여성 정책에 목소리를 높였다. 심지어 당시 문재인 후보는 여성을 대상으로 한 정책이나 법 제도를 개선하겠다는 의지 표명을 넘어 "페미니스트 대통령"이 되겠다고 선언하기까지 했다. 그런데 뭐가 암담했냐 질문할 수 있겠다. 당선이 가장 유력한 후보가 무려 '페미니스트'가 되겠다고 선언한 마당에 당신이 축제에 초대되지 못했다고 여길 것은 또 뭐냐고. 물론 "#나는_페미니스트입니다"라는 해시태그 운동이 이슈가 된 것처럼 페미니스트라고 선언하는 것은 하나의 운동이 될 수 있다. 자신을 페미니스트로 인식하는 것도 굉장히 중요한 작업이고, 복수複數의 페미니즘이 있다는 말처럼 다양하고 폭넓은 사람들이 자신을 페미니스트로 여기는 것도 의미가 있다. 그렇다고는 하지만… 정말… 선언하면, 그러니까 '선언만 하면' 다 페미니스트가 될 수 있을까?

"반대합니다." 대선 기간 중 나를 가장 힘들게 했던 문장이었다. 커밍아웃한 레즈비언으로서 2008년 총선에 출마한 최현숙 씨는 당시 페미니스트 저널 「일다」와의 인터뷰*에서 이렇게 밝혔다. 동성애에 대한 논의가 그동안 찬성과 반대의 차원에 머물러 있었다면, 이번 총선 이후에는 '동성애자가 국민을 대표할 수 있는가'에 대한 논의로 바뀔 것이라고. 이것은 분명 성소수자 인권의 진전이고, 사회 인식의 발전이라고. 그러나 최현숙 씨의 출마 이후 벌써 10년이 지난 지금 우리 사회는 퇴보했다. 우리는 다시 동성애를 찬성과 반대의 문제로

---

* 박희정, 「"우린 다른 선거를 하고 있다"─서울 종로 출마한 커밍아웃 최현숙 후보 인터뷰」, 일다, 2008.04.03.

몰아넣었고, 대선 후보라는 작자들은 그 망언을 토론회와 방송을 통해서 공식적으로 쏟아냈다. 사건은 2017년 4월 25일 JTBC, 중앙일보와 한국정치학회가 공동 주최한 대통령 후보 초청 토론회에서 발생했다. 안보와 국익을 주제로 자유토론을 하던 와중 홍준표 당시 후보는 군에서 동성애가 심한데, 동성애가 국방 전력을 악화시킨다는 견해에 대해 어떻게 생각하느냐고 문재인에게 질문했고 문재인은 그렇게(동성애가 국방 전력을 악화시킨다고) 생각한다고 답변했다. 이어서 홍준표는 동성애를 반대하냐고 여러 차례 질문했고 문재인은 반대한다는 답변 두 차례, 좋아하지 않는다는 답변 한 차례, 합법화를 찬성하지 않는다는 답변 한 차례를 감행했다. 심지어 홍준표가 군 내에서의 동성애에 국한된 문제가 아닌, 차별금지법 제정에 대한 의견과 더불어 동성애에 대한 입장을 물었음에도 불구하고 문재인의 태도는 꾸준했다. 동성애를 '합법화'한다는 것이 당최 무슨 말인지 알 수 없으나 페미니스트 꿈나무 문재인은 동성애를 국방 전력을 악화시키는 것으로, 퀴어문화축제가 서울시청 광장에서 열리는 것을 막을 수는 없으나 동성애를 합법화할 수는 없는 것으로 이해하고 있음은 분명했다.

페미니스트로 선언을 하지 말든가 공식 석상에서 동성애를 반대한다고 대놓고 말하지 말든가. 정말 아무 고민이 없어 보였다. 아무 고민이 없었다는 것, 그리고 여성들은 저항을 위해 외쳤던 페미니스트 선언을 아무 고민 없이도 할 수 있었던 그의 권력에 화가 났다. 동성애를 반대함으로써 그간 좌파에게 씌워졌던 '안보를 위협하는 종북'이라는 혐의를 해소하고 특전사의 모습을 한 문재인은 이 나라를 수호할 늠름한 남성이 되었다.

　몇 해 전 국립국어원이 페미니스트의 뜻을 "예전에, 여자에게 친절한 남자를 비유적으로 이르던 말"이라고 정의한 것이 논란이 되었는데, 문재인은 국립국어원의 잘못된 정의를 보고 페미니스트로 거듭났고 아직까지 업데이트되지 못한 게 아닐까 하는 의심이 들끓을 만큼 여자에게 친절한 남자임을 홍보했다. 다른 후보는 소위 '돼지발정제' 이미지로 고심했는데 문재인은 부인인 김정숙 씨와의 로맨틱한 연애 서사를 앞세워 그와 대조적인 이미지를 구축했다. 가정(국가)의 평화를 저해하는 동성애를 반대하고 약한 여성을 보호하는 충실한 이성애자 남편의 이미지가 탄생한 것이다. 여자에게 친절하기만 하면 페미니스트인 줄 알았을 그에게 "여성이자 레즈비언인 나의 인권을 반으로 자를 수 있습니까?"라고 울부짖는 어느 여성의 외침은 분명 의외의 것이었을 테다. 결국 대선 기간

내내 페미니스트 꿈나무 문재인의 행동과 발언에서 실제 이득을 본 것은 문재인 본인밖에 없다. 여성과 섹슈얼리티는 그의 입맛에 맞게 배치되고 이용되었을 뿐이다.

문재인이 페미니스트가 되겠다고 선언했다고는 했지만 준비된 여성 대통령 출신인 박근혜 전 대통령에게 기대하지 않았던 것처럼 그에게도 대단한 것을 바라진 않았다. 그럼에도 석연치 않은 마음이 분노와 암담함으로 이어진 것은 그에게 패자부활전의 기회를 준 촛불광장에 걸었던 기대 때문이었다. 겨우내 민주주의를 그렇게 외치길래 그들의 민주주의의 민民 안에 내 자리도 있을까 싶었다. 만일 그들의 민民 안에 내가 있다면 대중의 엄청난 지지를 받고 있는 문재인도 눈치를 좀 보지 않을까 하는 생각이었다. 눈을 주변으로 돌렸다. 페미니스트 대통령이 되겠다고 선언한 문재인의 행보에 대해 어떻게 생각하시냐고 질문을 던졌다. 이대로 가도 괜찮겠냐고 물었다. 돌아온 대답은 촛불집회에 대한 지분을 운운하지 말라는 식이거나 "달님"의 앞길에 재를 뿌리지 말라는 식이었다. 진보 진영이 어렵게 얻은 기회를 너희 때문에 날리면 그 후폭풍을 어떻게 감당하겠냐고 걱정인 양 던진 협박들도, 진보의 표심을 분열하지 말라는 단호한 주장들도 있었다. 문재인의 동성애 반대 발언을 군이라는 특수한 환경, 좌파 출신 후보에게 가해지는 '종북' 혐의와 안보의식 결여라는 의혹에 대한 반동으로 이해해야 한다는 사람들도 있었다. 그들은 자신들이 문재인의 발언을 이런저런 식으로 정당화해주는 동안 죄 없는 성소수자들이 실제적인 차별과 억압을 겪으며 상처 입고 있을 것이라고는 생각하지 못했다. 방금까지 나와 함께 촛불을 들었던 사람들은 촛불을 내려놓고 비난의 활을 들었고, 그 화살은 촛불의 승리를 나눠 가질 수 없었던 약자들을 향했다.

단순히 적폐를 여성화하거나 동성애 혐오를 자행하는 개개인을 비난하고자 늘어놓는 이야기가 아니다. 여성이라는 기표가 이용되는 모순적인 방식과 동성애 혐오가 일으킬 효과에 대한 우려의 이야기이다. 적폐(박근혜)인 동시에 정상성 획득(특전사의 아내 김정숙)에 이용되는 여성이라는 모순된 위치는 무엇을 의미할까? 여성은 결코 고정된 의미를 가질 수 없고 '누가' 여성을 '무엇으로' 지칭하고자 하는지에 따라 변화한다. 그 과정에 정작 실존하고 있는 여성들의 위치는 없다. 동성애자도 마찬가지다. 이 땅의 동성애자 수가 2017년 봄을 기점으로 유난히 급증해서 이번 대선 때 동성애 관련 논의가 소환된 것일까? 전혀 그렇지 않다는 건 누구나 알고 있다. 언제나 어디서나, 그곳이 군대라고 할지라도 동성애자를 비롯한 성소수자는 항상 있었다. 누가 실제 종북인지 관심 없었던 지난날처럼 누가 실제 동성애자인지 관심 있는 사람은 없다. 진보 진영도 마찬가지다. 중요한 건 동성애에 대한 실제적인 토론이 아니고 단결해서 승리하고자 하는 원대한 계획을 방해하는 이들에 대한 척결이다. 그 어떤 논쟁에서도 실제 동성애자들의 목소리를 듣고자 하는 진영은 없었다. '적폐와 적폐가 아닌 것' 그리고 '문재인 지지자와 지지자가 아닌 사람' 사이의 강력한 이분법을 유지하고 작동하는 데 여성과 그 섹슈얼리티는 실체 없이 타자화된다. '우리'와 '우리가 아닌 것'이라는 이분법적 구도에서 실제 우리의 특징 따위는 중요하지 않다. 그저 우리와 우리가 아닌 것을 구분하겠다는 논쟁이 계속되는 것이 중요한 것이다. 어떤 특징을 지녀야 '우리' 안에 포함되는지는 아무도 알 수 없지만, 지속되는 '우리'와 '우리가 아닌 것'을 구분하겠다는 논쟁은 이분법에서 벗어나지 않으려 하는 사람들을 통제한다. '우리'에 포함되고자 하는 사람들은 스스로 여성도 성소수자도 아님을 밝혀야 하고, 혹여나 자신이 여성이거나 성소수자라면 '촛불'에 방해가 되지 않기 위해 자신의 인권을 '나중에'로 미루는 충실한 시민임을 증명해야 한다. 주지하다시피 실제 여성과 성소수자가 의미하는 바가 무엇인지 아는 사람은 없고 모든 사람은 여성과 성소수자인 동시에 아닐 수도 있기 때문에 모두가 채점자 없는 증명 싸움에 고군분투한다. 그리고 여성과 성소수자의 자리는 다른 집단으로 대체될 수 있다. 어딘가에선 국적이, 인종이, 장애가, 종교가 같은 방식으로 이용되고 있을 것이다.

정상이 된 것을 환영해서 정상회담인 것은 아닐 텐데

대선이 끝나고 나라는 안정된 것처럼 보였다. 재정비를 끝낸 나라는 앞으로 향했다. 평창 올림픽을 성공적으로 마치고 남북정상회담이라는 역사적 성과를 이뤄냈다. 남북정상회담 이후 양측 정상 부부가 함께 있는 장면은 화제가 되었는데, 특히 공식 석상에 부인을 대동하지 않았던 과거와 달리 김정은이 리설주 여사를 등장시킨 것은 정상국가로 거듭나고자 하는 의중이 반영된 것이 아닌가 하는 의견들이 제기되었다. 또한 문재인-김정숙 부부, 김정은-리설주 부부의 모습이 흡사 부모와 아들 내외 같은 안정적인 그림이 연출되었다고 여겨졌다. 정상국가로 거듭나기 위한 쇼맨십으로 부인과의 대동을 선택했다는 것은 어떤 의미일까. 어째서 당당하고 자랑스러운 이성애자로서의 면모를 보이며 모든 의혹을 떨쳐버리는 것이 정상국가의 정상으로서의 첫 번째 단계였을까.

북한 지도자의 '여자문제'는 늘 논란의 대상이었다. 그간 북한 지도자의 섹슈얼리티를 논할 때마다 일부다처와 소위 '기쁨조' 담론이 제기되었다. 그러나 북한의 지도자가 정확히 몇 명의 부인을 두고 있는지, 정말 기쁨조라는 조직이 있는지, 있다면 그 조직의 운영 방식과 존재 목적은 무엇인지를 정확히 알기는 어렵다. 그럼에도 사실인지 거짓인지 알 수 없는 정보들이 주요하게 운용되었던 것은 사실 여부를 알 수 없는 정보라는 점에서 남한의 정치 상황에 맞게 배치될 수 있었기 때문이다.

기쁨조는 흔히 지도자의 쾌락을 위해 조직된 궁녀, 기생, 창녀, 노예 등의 이미지가 뒤섞인 집단으로 북한 지도자의 비정상적 섹슈얼리티를 극단적으로 나타내는 대상이 된다. 북한 지도자의 비정상적 섹슈얼리티를 강조하며 이를 북한과 동일시하는 방식은 북한의 도덕적 타락, 낙후성 등을 나타낸다. 이 속에서 북한 여성은 한편으로는 창녀의 이미지로, 한편으로는 그렇기에 우리(남한)가 구원해내야 할 대상으로 표현되기도 하는데, 창녀의 이미지로서는 지도자의 비정상적 섹슈얼리티와 맞물려 망국의 이미지를 드러내지만 구원과 보호의 대상이 된다는 점에서는 북한 주민의 상징으로 작용한다.[*] 북한 정권을 비판하기 위해 탈북 여성들의 성폭력 피해 경험을 종종 정치적으로 이용한다는 점 역시 여성의 기호記號가 북한 정권, 주민과 밀접하게 연계되어 있음을 보여준다.

적을 비정상적 섹슈얼리티의 이미지로 그려내는 담론은 한반도만의 특이점은 아니다. 미국의 경우에도 9·11의 주동자로 지목된 오사마 빈 라덴을 성적·신체적인 일탈자의 이미지로 그린다. 그는 동성애자이면서 동시에 과잉 이성애적 형식을 띠거나 실패한 모노가미로서 오리엔탈 버전의 폴리가미를 수행하는 이로 나타난다. 사담 후세인이 '소돔Sodom 후세인'으로 불리는 것도 이와 비슷하다. 적을 비정상적 섹슈얼리티로 고정시킴으로써 자국의 규범성(모노가미, 이성애)을 공고히 하고자 하는 것은 적과 아군을 구분하고자 하는 정상화 Normalization와 추방Banishment의 메커니즘으로 이해할 수 있다.[**] 그간 대대적인 소문으로 억울했을 김정은의 심정을 짐작하지 못하는 바는 아니나 그의 정상부부, 정상가족 이미지 역시 남한의 정상화와 추방의 메커니즘에 이용된다. 국가 안보를 위해 동성애를 반대하는 남한 대통령과 정상국가의 상징

[*] 박민주, 「한국 사회 '기쁨조'담론의 소비와 남성성 구성과정에 관한 연구」, 이화여자 대학교 대학원 여성학과 석사학위 논문, 2012.

[**] Puar, Jasbir, The Sexuality of Terrorism, *Terrorist Assemblages: Homonationalism in Queer Times*, Duke University Press Books, 2007, pp.38.

으로 모노가미 형태의 이성애자임을 만천하에 알린 북한 지도자는 역시나 한 핏줄이었던 것이다.

문재인 대통령이 대선 후보 시절 남북 관계의 진전을 이야기하며 북한 응원단을 '미녀 응원단' '자연 미인' '성형 여부' 등과 함께 언급했던 것 역시 북한을 여성화하고 북한 여성을 대상화하는 방식과 궤를 같이한다. 여성화된 북한의 이미지와 이어지는 맥락으로 최근 미디어에서 탈북 여성을 재현하는 방식을 사유해볼 수 있다. 대표적으로 채널A의 프로그램인 「통일준비 생활백서, 잘 살아보세」(이하 잘 살아보세)는 북한을 여성화하고 '미성숙한 존재'이자 '전근대적인 세계'로 묘사하며 궁극적으로 향수와 낭만의 대상으로 의미화한다.[*] 「잘 살아보세」의 구성원은 40-50대 남한 남성과 20대 미혼의 탈북 여성으로, 남한의 이미지를 '문명화된 남성'으로 설정하고, '미모의' '어린' 여성을 북한의 상징으로 이용함으로써 미성숙한 존재, '비문명화된 여성'으로서의 북한의 이미지를 생산한다. 또한 '인민반장'의 직위를 차지해 엄격한 위계질서를 강조하는 북한 장교 출신 탈북 여성과 투표를 통해 공동체의 리더를 정하는 남한 남성의 민주적이고 합리적인 모습을 대

---

[*] 방희경·이경미, 「종편채널의 북한이미지 생산방식-'일상'으로의 전환, 이념적 정향의 고수」, 『한국언론학회』 60(2), 2016, 338-365쪽.

비시킨다거나, 탈북 여성이 벽돌을 하나씩 나를 때 남한 남성은 수레 등의 도구를 이용하는 모습을 대비시키는 등의 서사를 이용함으로써 북한-여성-미개-비이성-비민주 VS 남한-남성-문명-이성-민주라는 이분법적이고 대립적인 담론을 형성한다.**

이는 비단 텍스트나 담론 내부의 문제만은 아니다. 실제로 탈북(북한) 여성은 결혼중개시장에서 '인기 상품'으로 취급된다. 물론 결혼중개'시장'이라는 특성상 그 시장에 누가 들어오더라도 상품이 되는 것은 당연하지만 문제가 되는 것은 그 상품의 어떤 것(실제 그 상품이 가지고 있는 부분이 아니더라도)을 강조해서 파느냐, 혹은 그 상품을 무엇이라고 가정하고 사느냐 등의 일종의 마케팅에 관한 것이다. 먼저 탈북 여성-남한 남성 결혼중개 사이트인 금비결혼은 "북한여성 최다보유"라는 문구를 마케팅 문구로 사용하며 "지금, 북한여성 스타일을 직접 선택하고 무료상담까지 받아보시기" 바란다고 권한다. 금비결혼이 제시하는 북한 여성의 스타일은 외모, 성격, 데이트 스타일 등으로 나누어져 있고, 성격 부분에는 현모양처, 책임감이 강한 스타일 등의 보기가 있다. 또 다른 결

** 방희경·이경미, 앞의 글, 350-351쪽.

혼중개업체인 천생연분은 "이북 여성은 자본주의의 영향을 거의 받지 않아 과욕이나 사치를 부릴 줄 모르며 전통적 사고가 남아 있어 남편과 가정에 헌신"하고 "일부 의존적인 남한 여성들과는 달리 이북 여성들은 독립심이 강하고 솔직하며 억척스러운 생활력을 가졌다"고 주장한다. 이와 더불어 "'지나치게 조건을 따지는 남한 여성에 지친' 남성들은 같은 민족, 동일한 문자언어와 강한 생활력, 순종적인 아내상, 남남북녀로 대표되는 미모 등에 관한 이미지 등의 이유로 북한 여성을 결혼상대자로 꼽는다. 한국인의 얼굴이라 주변의 시선이나 자녀문제에 있어서도 다른 나라의 여성에 비해 자유롭다는 점도 매력적이다"라는 기사를 인용하여 '이북 여성'을 홍보한다. 동일 업종의 다른 업체나 사이트 등도 대부분 이와 비슷한 맥락에서 탈북 여성을 홍보한다. 그들은 공통적으로 탈북 여성을 북한 여성으로 호명하는데, 북한이라는 가보지 못한, 가볼 수 없는 미지의 땅에서 온 전통적이고 조신한 여자라는 이미지를 강조하고 싶었던 걸까. 전근대적이고 사회주의 체제인 국가에서 왔기에 세상 물정 모르고 돈 욕심 없는 순수한 여성인 와중에 생활력까지 강해야 하는, '그 어려운 걸 제가 합니다' 스타일의 북한 여성을 찾는 남한 남성의 주체로서의 욕망이 선명하게 드러난다. 그 과정에서 남한 여성과의 대비, 타 인종 여성과의 대비, 심지어 혼혈로 살지 않아도 되는(아직 낳지도 않은) 자녀에 대한 안도까지, 여성혐오, 인종차별, 외국인혐오 등이 복잡하게 얽혀 있는 마케팅 전략이다. 한반도 내의 일본과 미국 제국주의, 인종주의, 반식민 민족주의, 한국전쟁, 분단, 가부장제, 단일민족 담론, 지구화 시대의 자본주의 등의 영향이 없었다면 가능하지 않았을 마케팅이기도 하다. 이러한 마케팅이 더욱 비판받아야 하는 이유는 이것이 실제 남한 남성과 결혼한 탈북 여성의 삶에 영향력을 행사하고 있기 때문이다. 실제로 사회 전반에 고정되어 있는 이미지만을 생각하고 탈북 여성과 결혼하는 것은 가족 간의 불화의 원인이 되기도 한다.[*]

물론 남한 여성 역시 북한과의 적대 관계에서 다양한 방식으로 이용된다. 남한 여성의 섹슈얼리티가 분단체제에 이용되었던 대표적인 방식 중 하나는 삐라를 통한 선전이다. 강원도 DMZ박물관은 작년 6월 비무장지대 설치 64돌을 맞아 「벌거벗은 심리전의 첨병, 삐라」라는 제목으로 특별전을 개최했다. DMZ박물관 학예교육실장은 삐라에 대해 "노골적인 체제 선전과 적나라한 사회비판, 때로는 민망한 미인계까지 동원

---

[*] 이민영, 「남북한 이문화 부부의 가족과정 경험에 관한 질적 연구: 내러티브 탐구방법을 활용하여」, 이화여자대학교 대학원 사회복지학과 박사학위 논문, 2005.

여성의 섹슈얼리티를 이용한 대북 선전

되었"다고 밝혔다.

앞의 그림에서 확인할 수 있듯이 여성은 자신의 신체를 전시하며 풍요와 자유를 선전한다. 벗은 여성(의 신체)은 자유에 대한 보상, 혹은 우월한 체제가 얻은 트로피처럼 취급된다. 한편으로는 북한에 사는 여성은 기쁨조로서 창녀의 생활을 한다는 담론을 하고, 한편으로는 북한 남성을 향해 여기로 넘어오면 여자(창녀)를 얻을 수 있다고 선전하는 꼴이란. 남북(의 남성)의 체제 경쟁에서 실제 여성은 어디에도 위치하지 않는다.

서로 연결되며 펼쳐지는 연대

민주주의를 외치는 와중에도 여성혐오는 있더라, 이 나라에서 아직도 로맨틱한 특전사 남성 이미지가 팔리더라, 북한도 여기에 합세했더라 한탄하기 위해 쓴 글이 아니다. 남성과 여성, 동성애와 이성애를 넘어 정상과 비정상, 도덕과 비도덕으로 확장되는 이분법이 다양한 맥락에서 지속적으로 작동한다는 것은 어느 맥락에서나 이분법 안에 존재할 수 없는 이들에 대한 억압이 있다는 것을 나타낸다. 적폐를 욕하기 위해 여성을 끌고 오면 광장에서 촛불을 들었던 여성들은 어떻게 할 것인가? '그 여자와 이 여자는 달라'라는, '정상여성'의 이미지를 다시금 만들면 될까? 적폐가 아닌 여성을 구분하는 정상여성 담론은 지금까지 통용된 '개념녀' 담론과 얼마나 다를까? 대통령이 특전사이자 이성애자의 이미지를 구축할 동안 군형법 92조 6 추행죄 위반으로 유죄 선고를 받은 A 대위는 어떻게 되었나? 동성애가 군대 기강을 해친다는 주장에 페미니스트는 어떻게 답변해야 할까? 군대 기강을 해치지 않는다고 답변하고 '남성다운' 동성애자의 모습을 주장하며 군대에 힘을 실어주는 것이 최선일까? 북한 여성을 기쁨조로 그리고자 하는 남한에 살고 있는 탈북 여성은 어떤 위치에 처하게 될까? 이성애가 두 정상頂上의 정상正常의 상징으로 등극한 남북정상회담을 바라본 남북한의 성소수자들은 어떤 심경일까? 젠더와 섹슈얼리티가 여러 맥락에서 이용되고 있다는 것이 어쩌면 추상적으로 다가올 수 있으나 정상과 비정상의 구도에서 소외된 이들이 처해 있는 환경은 굉장히 구체적이고 물질적이다. 막연한 젠더와 섹슈얼리티에서 구체적인 억압으로 시선을 낮추고 "누가 정상인가"가 아닌 판을 깨는 질문이 필요하다.

희망은 있다. 촛불광장의 여성혐오에 대항한 페미니스트들은 '페미존'을 만들면서까지 박근혜 탄핵의 목소리와 여성혐오 반대의 목소리를 동시에 내고자 했고, 문재인 대통령의 후보 시절 동성애 반대 발언에 대항하기 위해 성소수자들은 기습 시위와 집회를 열었다. 이들은 지금까지도 여성과 소수자들에 대한 억압에 저항하고 있고 차별금지법 제정을 위한 연대도 놓지 않았다. 미투 운동이 세상을 흔들었고 유명 연예인, 정치인, 검사 등 막강한 힘을 가진 이들이 권좌에서 내려왔다. 안희정 전 충남지사가 문재인 대통령 당선 당시 기습 뽀뽀를 감행했을 때만 해도 그가 성폭력 가해자로 지목될 것이라고, 유력 대선 후보의 성폭력 가해 사실을 세상 밖으로 끌고 나올 용감한 여성이 있을 것이라고 상상하지 못했다. 분명 세상은 변하고 있다. 좋은 사람들에 의해서 좋은 쪽으로. 이들의 활동에서 희망을 찾는 것은 이들의 주장이 정의로워서만은 아니다. 이들의 방식이 이분법의 판을 깨고 있기 때문이다. "연결될수록 강하다"는 말은 단일성을 의미하지 않는다. 나와 적의 구도가 아닌 각각의 위치에 놓여 있는, 그 위치 역시 언제나 변화하고 있는 유동적인 개인들 사이의 갈등과 투쟁과 연대. 단결하여 승리하자고 외치는 진보가 누구의 진보인지, 누군가를 배제하거나 감추거나 없애는 방식의 단결을 통한 진보라면 그것을 전 사회적 진보라고 말할 수 있는지 질문하는 이들이 확대된 것이다. 이들은 자신들의 활동을 통해 진보는 분열로 망한다는 말이 틀렸음을 입증하고 있다. 이들은 분열하여 흩어지는 것이 아니라 펼쳐지고 있다.

참고문헌

김홍미리, 「촛불광장과 적폐의 여성화―촛불이 만든 것과 만들어가는 것들」, 『시민과세계』 통권 30호, 2017, 137~168쪽.

박민주, 「한국 사회 '기쁨조'담론의 소비와 남성성 구성과정에 관한 연구」, 이화여자대학교 대학원 여성학과 석사학위 논문, 2012.

박희정, 「"우린 다른 선거를 하고 있다"― 서울 종로 출마한 커밍아웃 최현숙 후보 인터뷰」, 일다, 2008.04.03.

방희경·이경미, 「종편채널의 북한이미지 생산방식―'일상'으로의 전환, 이념적 정향의 고수」, 『한국언론학회』 60(2), 2016, 338~365쪽.

이민영, 「남북한 이문화 부부의 가족과정 경험에 관한 질적 연구:내러티브 탐구 방법을 활용하여」, 이화여자대학교 대학원 사회복지학과 박사학위 논문, 2005.

전희경, 『오빠는 필요없다』, 이매진, 2008.

프란츠 파농, 이석호 옮김, 『검은 피부, 하얀 가면』, 인간사랑, 1998.

호미 바바, 나병철 옮김, 『문화의 위치』, 서울: 소명출판사, 2002.

파사 차터지, 트랜스토리아 편집부 엮음, 「누구의 상상된 공동체인가」, 『트랜스토리아』 제2호, 박종철출판사, 2003.

Chatterjee, Partha, Whose Imagined Community?, Mapping the Nation, Verso books, 1996.

Hobsbawm, Eric J., Ethnicity and Nationalism in Europe Today, Mapping the Nation, Verso books, 1996.

Puar, Jasbir, The Sexuality of Terrorism」, Terroist Assemblages: Homonationalism in Queer Times, Duke University Press Books, 2007.

McClintock, Ann, No Longer in a Future Heaven: Nationalism, Gender, and Race, Becoming National, Oxford University Press, 1996.

닫는글

수지와 추(나는 추재훈을 '추'라고 부른다)를 만난 건 20살이 되던 해다. '경상도 사투리를 심하게 쓰는 한 살 많은 동기 추'와 '어딘가 완벽해 보이는 철저한 선배 수지'가 그들에 대한 나의 첫인상이었다. 페미니스트는커녕 마초에 가까웠던 20살 영민에게 그들은 재훈 '오빠'였고 수지 '언니'였다.

책이 끝나가는 마당에 왜 서로에 대한 인상과 호칭에 대한 설명을 구구절절 늘어놓는 걸까 싶기도 하겠지만, 호칭은 불리는 상대에 대한 부르는 사람의 인식을 반영한다는 점에서 중요한 의미가 있다. 또 자신에 대한 호칭을 수용하고 관계를 이어나가는 것은 상대가 자신을 인식하는 방식에 대한 인정을 수반한다. '재훈 오빠'가 '추'가 되고 '수지 선배님'이 '수지 언니'에서 '수지'가 되기까지의 시간, 그리고 그 호칭이 서로에게 익숙해지기까지의 과정은 서로를 동등한 인간으로 바라보기 위한 각자의 페미니즘 여정과 많은 부분 일치했다.

물론 처음부터 수월한 것은 아니었다. 각자가 페미니스트가 되는 배경과 속도는 같을 수 없었고, 우리는 때때로 치열하게 싸우기도 했다. 왜 너는 나를 이해하지 못하니 따져 묻는 서글픔과 원망은 서로에게 상처로 남기도 했을 것이고, 다시는 저 사람을 보지 않겠다고 다짐한 순간도 있을 것이다.

그럼에도 불구하고 우리는 페미니스트가 되어 (다시) 만났다. 자라온 곳도, 하는 일도, 꿈꾸는 미래도 너무 다른 세 명이 각기 다른 공간과 맥락 속에서 페미니스트가 되었다. 신기하게도 말이다. 우리는 왜 변했을까? 누구나 페미니스트가 되어야 한다고 말하지만, 누구나 페미니스트가 되지는 않는 현실 속에서 무엇이 우리를 페미니스트로 만들었을까? 이렇게나 다른 우리 세 사람을 관통하는 것은 무엇이었을까? 셋이서 책을 쓰겠다고 결정할 때 떠올랐던 질문들은 글을 완성해가는 과정 속에서 우리가 공유하고 있는 것이 무엇인지에 대해 어렴풋하게나마 그 답을 얻게 되었다.

우리의 글은 자기 이야기에서 시작하여, 자신의 위치성, 그리고 그것과 사회의 관계에 대해 말한다. 서문에서 수지가 쓴 것처럼 세 명은 각자 다른 문제의식을 가지고 있다. 여성혐오와 자기혐오의 경계 속에서 고군분투하는 분단국 남성, '국제' 정치학을 전공한 '제3세계'의 어린 동양인 여성, 그리고 사회진보를 외치는 곳에서조차 자신을 위한 공간을 보장받지 못한 소수자로서의 문제의식은 그 좌표점이 다르다. 그러나 분명히 우리의 글에는 무언가 같은 것이 흐른다.

나는 어떤 인간이며 왜 그러한가, 지금 우리가 살아가고 있는 이 공간에서 누가 인정받지 못하는 고통을 받고 있는가, 나는 어떻게 살 것인가와 같은 고민들. 거기다 세상에서 찰나의 희망이라도 발견하고야 말겠다고 다짐하는 다소 씁쓸한 집착까지. 완성된 서로의 글을 읽으며 '그래, 우리는 이런 사람들이었지' 하는 생각에 웃음까지 나왔다.

누군가에게는 우리의 고민이 고루할 수 있다. 어쩌면 누군가에게는 이 문장들을 써 내려간 내가 그저 하찮아 보일 수도 있겠다. 그리 밝지 않은 이 땅에서 '고통은 누구의 것인가! 희망은 어디 있나!' 울부짖는 사람은 고작 너희들뿐이겠고, 보잘것없는 우리의 고민과 우리가 찾는 희망에 '인간, 삶, 고통' 따위의 낱말들을 새겨 넣은 것이 우습다며 말이다.

그럼에도 변명을 덧붙인다. 별일 아닌 것처럼 했던 고민들이 나를, 그리고 추와 수지를 페미니즘으로 이끌었고 그것에 공감할 수 있게 만들어주지 않았는가 하고. 도대체 나는 누구이며 어떻게 살아야 할까, 내가 겪는 것과 같은 고통을 또 다른 누군가가 겪고 있지는 않을까, 혹은 겪게 되지는 않을까 하는 답답한 마음으로 외쳤던 질문들이 우리를 관통하는 것이 아닐까 싶다.

한반도의 불온한 민낯을 확인하며 살아 있는 것은 불행이라고, 우리에게 이 불행을 안겨준 분단된 사회에 원망을 퍼부

어대던 순간에 페미니즘은 고개를 들고 눈을 뜰 것을 권했다. 모두가 우울한 이 땅에서 우리가 택할 수 있는 것은 다 같이 죽는 것이 아니라 다 같이 사는 것이라며, 한반도가 겪어낸 전쟁에는 끝이 있겠지만, 세상의 평화를 추구하는 일은 끝이 없다고.

불완전한 이들이 모여 겨우 엮어낸 글이지만, 마지막 장까지 우리의 고민을 쫓아와준, 어딘가에 있을 독자 여러분들 또한 책을 덮을 때쯤에는 비슷한 생각들을 공유했으면 한다. 당신은 누구인지, 당신이 놓인 공간은 어떤 곳인지. 당신의 옆에 누가 살고 있는지, 그리고 앞으로 어떤 선택을 할 것인지. 그리하여 미래의 우리는 어떤 모습일지.

영민 씀